novum pro

Andrä Christ

Ein Umkehrschluss der Menschheitsgeschichte

Geheimnis der geistigen Organisation

novum pro

Bibliografische Information
der Deutschen Nationalbibliothek:

Die Deutsche Nationalbibliothek
verzeichnet diese Publikation in
der Deutschen Nationalbibliografie.
Detaillierte bibliografische Daten
sind im Internet über
http://www.d-nb.de abrufbar.

Gedruckt in der Europäischen Union
auf umweltfreundlichem, chlor- und
säurefrei gebleichtem Papier.

ISBN 978-3-99131-536-0
Lektorat: Bernhard Breitenfurther
Umschlagfoto:
Olesia Grachova | Dreamstime.com
Umschlaggestaltung, Layout & Satz:
novum Verlag
Innenabbildungen: Andrä Christ

Die vom Autor zur Verfügung gestellten Abbildungen wurden in der
bestmöglichen Qualität gedruckt.

www.novumverlag.com

Climate neutral
Print product
ClimatePartner.com/16547-2201-1002

INHALTSVERZEICHNIS

Das Erleben einer Verbindung von
Geist und Körper ist ident
mit der Empfindungsvollendung
des menschlichen Lebens

VORWORT

Warum ist die Geschichte der Menschheit nicht so verlaufen, wie sie von Gott geprägt wurde? Nach zehnjähriger Beschäftigung liegt mit dieser Schrift nun der Aufbau eines eigenen, speziell geistigen Programmes der materiellen Welt vor. Gestört wurde dieses Vorhaben durch alles, was über das Algebraische hinausgeht. Die Wurzel allen menschlichen Übels im realen Denken konnte erkannt und beschrieben werden.

Themen aus dem Bereich des Lebens, deren Formulierungen, sind aus ahnendem Erfassen göttlicher Eingebung entsprungen.

Diese Schrift will kein harmonisches Bild abgeben, schließt sich nicht der philosophischen Argumentationen an und ist auch nicht in einer leicht verständlichen Sprache verfasst. Stattdessen liefert sie bruchstückhafte Erkenntnisse aus der Wahrheit der abstrakten Welt für das menschliche Bewusstsein. Ohne Mithilfe des Unbewussten, der menschlichen Seele, bleiben diese Erkenntnisse allerdings unbegreiflich.

Der Autor der Schrift musste sich zehn Jahre vorbereiten, um weitere zehn Jahre an einem Gottesbeweis und an der Reform des Glaubens zu arbeiten und um die Bedeutung des Karmas herauszustellen. Als notwendige Erkenntnis der Schrift ergab sich, dass die menschlichen Wesen in sich gespalten sind und das der Kampf

Gottes gegen den Teufel noch immer andauert, was die Rückkehr der menschlichen Seele zu Gott verzögert.

Die Menschheit lebt seit dem Beginn ihrer Geschichte mit einer ihr Leben bedrohenden Gefahr.

Das über lange Zeiträume aufgrund satanisch geprägter Einflussnahme auf das überbordende Wachstum von unwerten, nur machtausübenden, seelenlosen Lebewesen ist dabei, beendet zu werden.

Die bisherigen Versuche der Schöpfung, diesem untermenschlichen Leben Herr zu werden, scheiterten immer wieder an den Interessen des Teufels. Gott präsentiert sich aber ab jetzt wieder als alleinige Zuständigkeit über das Geschehen auf Erden. Der längst fällige Aussterbeprozess des tiermenschlich ähnlichen Lebens wird sich ohne wesentliche Panik innerhalb einiger Jahre abspielen. Man stelle sich eine stark dezimierte menschliche Gesellschaft ohne die Triebkraft seelenloser Subjekte vor. Auf diese Menschen kann dann Gott sein Rückführprogramm aufbauen.

Und Sie, wenn Sie das große Sterben überleben, gehören dazu, zur Gemeinschaft der Beseelten.

EINLEITUNG

Die Fiktion einer Vision der Menschheitsgeschichte. Aufgezeichnet von einem Menschen, entnommen aus geistigen Erkenntnissen und Gesprächsempfindungen mit Gott.

Die Geschichte der Menschheit gliedert sich in zwei Abschnitte: In die der von Gott gewollten und in die der vom Teufel mitgestalteten.

In den folgenden Darstellungen ist dem Grunde nach in vielen Sichtweisen alles gesagt, was für einen beseelten Menschen aus der Vergangenheit sowie in der Zukunft von Bedeutung ist.

Diese Schrift ist nicht etwas, was an den Menschen von außen herangetragen wird und dann mittels seines Denkvermögens mehr oder weniger verarbeitet werden soll. Sie ist von sich aus aktiv, trifft die Seele direkt und sagt die Wahrheit. Diese reale Wahrheit schockt in ihrer Logik vorerst die Seele und beginnt kraft ihrer Empfindung an diese Wahrheit kleinweise anzudocken, bis sie selbst weiß, woher sie kommt, und dass sie zu Gott gehört. Die Religionsphilosophie bezeichnet diesen Vorgang als Verstand der Seele. Die Komplexität dieses Korrelats ist nicht durch Hören über eine Sprache, sondern nur über die Empfindung der Seele erfahrbar.

Der Verfasser

VOM WESEN UND WISSEN DES AUTORS

Der erste Ausbruch des Autors aus der von ihm spontan empfundenen Sinnlosigkeit seiner Wohlstandsgesellschaft erfolgte in der Mitte seines Lebens. Zusammenbrüche, Verzweiflung, Leid, Auseinandersetzung mit Gott und der Gesellschaft sowie der starke berufliche Einsatz schaffte ihm ein permanentes Stress-Erleben. Das Studium einschlägiger Literatur in ungeregelter Reihung, wie etwa die Bibel, Aristoteles, Platon, Schoppenhauer, Evans Wentz, Hegel, C.G. Jung, Kierkegaard, Kant, Goethe, Jaspers, Frankl, Freud, Stangl, Erich Neumann, De Cardin, Rudolf Steiner, Bhagavad Gita und viele andere, verlangte das Interesse an der Mystik, dessen was eigentlich hinter dem Tod steht. Zur gleichen Zeit wuchsen vermehrt die Empfindung und die Liebe zur Musik, vor allem zu Mozart, Schubert, Beethoven sowie die der klassischen dramatischen Opern stark an. Das autogene Training vermittelte Visionen, welche sich viele Jahre später bestätigen sollten. Die durch diese Interessen verbundene Persönlichkeitsveränderung führte zwangsläufig zur Scheidung einer kinderlosen Ehe samt deren gesellschaftlichen Anhang. Die Liebe einer neuen Partnerschaft konnte gegen alle Widerwärtigkeiten einen großen Erfolg für sich buchen. Es bildete sich gemeinsam das Vertrauen zu Gott und seinem Schutz, sodass alles so wurde, wie es werden musste.

Er gab trotz des schwierigen wirtschaftlichen Wiederaufbaues nicht auf, über den Unsinn des menschlichen Lebens weiter nachzuforschen, und überzeugte sich immer mehr, dass hinter dem Tod die Wahrheit des Dramas Mensch mit all seinen schrecklichen Schicksalen zu finden sein muss. Eines wurde dabei klar: Ohne einer starken Partnerschaft mit gleichen Interessen kann es Forschung im Gebiet des „Abstrakten" nicht geben. Beide erlebten sie gemeinsam das Geheimnis einer Energie, welche ein Pendel oder Rute in Bewegung setzt. Die hohe Gabe einer starken Pendelkraft wurde immer mehr die Basis zur Nachrichtenübermittlung aus dem Jenseits. Dieses Erleben einer bewussten Öffnung zur mystischen, abstrakten Ebene der vierten. Dimension birgt die enorme Gefahr des Falls in eine Schizophrenie in sich, vor allem dann, wenn man allein mit diesem Phänomen in der Welt steht. Ohne die Gemeinschaft der ihn erdenden starken Frau hätte alles zu einem bösen Ende führen müssen.

„Extreme Jahre" standen dem noch „Ahnungslosen" bevor. Sie fanden gleich mit seinem als zeitlich normal vorgesehenen biologischen Tod in einem schaurigen Erleben statt. Gott versuchte dem Debütanten zu helfen. Die satanischen Dämonen versuchten diese Hilfe zu vereiteln. Es gibt im Alten Testament das Gleichnis des „Hiobs", dem als kleines Menschlein das Leid zuteilwurde, zwischen den Fronten gewaltiger Gegner fast aufgerieben geworden zu sein. Hiob hatte an Gott festgehalten und ein schönes Leben gewonnen. Zehn Jahre tobte ein dämonischer, mörderischer, abstrakter Krieg; oftmals real tötend empfunden, oftmals dem

Wahnsinn entronnen, so hatte sich das Wissen die Wahrheit erkämpft.

Die Denker, welche in der Lage waren, auch in die Mystik des Lebens einzudringen, aber nur so weit, als es eben ihr hoch ausgebildetes Denkvermögen zuließ, skizzierten ihre Überlegungen oft sehr fundiert, aber eben nicht bis zum Ende. Es gelang weder der Philosophie noch den Religionen einen Schlussstein auf ihre jeweiligen geistigen Bauwerke zu setzen. Die Spaltung der Grundkräfte hat das Zerbrochene in die Menschen gebracht. Das Yin-Yang-Symbol zeigt den verzweifelten Versuch, das duale System wieder zu vereinen. Das in der Geschichte der Menschheit noch nie da gewesene Drama: Tod und Auferstehung von Golgota verfolgten denselben Zweck. Die „Sieben Offenbarungen" aus der göttlich abstrakten Welt wurden einem Menschen zuteil.

1 Die Aufteilung der Menschheit in beseelte und seelenlose Geschöpfe.
2 Der Teufel mit seinen Dämonen war ein Mitregent Gottes über die Menschheit.
3 Ein Mensch erforscht die kosmische Welt der Schöpfung und tötet dadurch das teuflische Prinzip auf Erden.
4 Gott ist wieder Alleinherrscher über die Menschheit.
5 Das Aussterben der seelenlosen Menschheit ist Gottes Wille.
6 Die Entstehung einer Weltreligion birgt die Verschmelzung der Grundkräfte in sich.
7 Die Seele des Menschen kehrt zurück zu Gott als Engel.

Am „Warum" der menschlichen Entstehung durch die Schöpfung ist zu den früheren Aussagen in den Andrä Christ Büchern wenig hinzuzufügen. Die Hauptrolle spielte der paradiesische Mensch in seiner Mystik im abstrakten Gottesbewusstsein. Durch die Offenbarung des Herrn gewann der Autor ein Liebesverhältnis zu „Ihm" und das Wunder einer Vermittlung zwischen Schöpfung und Mensch entstand.

Dem Autor wurde eine ungewöhnliche Fähigkeit zuteil: die Aufzeichnung von Nachrichten aus der Allwissenheit Gottes. Nur die Wahrheit der ersten Ursache eines Geschehnisses, welches eine Wirkung auslöste, bildet das Fundament der realistischen Menschheitsgeschichte.

Das hier angeführte abstrakte und reale Wissen sind zur Deutung einer Auflösung dieser Menschheitsgeschichte geraten. Die Rückführung nach dem Sündenfall müsste jetzt das „Amen" der Menschheit und das Ende der universellen materiellen Welt einläuten. Noch einmal den Tod erleben, noch einmal das geistige Leben nach dem Tod in einer bewussten Läuterung im Erleben eines neuen Menschen durchwandern. Das letzte Mal auf Erden, das letzte Sterben, dann zurück in die Heimat der göttlichen Welt, von wo er einst in Richtung Menschwerdung als gefallener Engel auszog.

DAS WISSEN AUS DER WELT DER MATERIE (DIE DRITTE DIMENSION)

Die Mission der geistigen Organisation eines beseelten Menschen hat ein Ziel: die Rückführung zu ihrem Ursprung, zum engelhaften, geistigen Energie-Daseins in der vierten Dimension.

In meinem Erstlingswerk – „Gott-Engel-Mensch-Teufel-Wahrheit" – wurden primitive, kindliche, anbetungswürdige Gegenstände, Bilder und abstrakt wirkende Erlebnisse erläutert. Aus der Verwirrtheit vieler denkerischer Hilfskonstruktionen schält sich langsam das wahre Verhältnis zwischen Gott, Mensch, Teufel und ihrer jeweiligen Trabanten heraus.

Zum besseren Verständnis dieser aus verschiedenen Betrachtungsschichten zusammengewürfelten Schrift ist eine Feststellung angebracht. Der Autor fungiert großteils als „Übersetzer" der an ihn übermittelten Nachrichten aus der für ihn selbst bisher fremden, abstrakten Welt. Eines ist sicher: Jeder Leser erlebt sich in einem oder mehreren „Aha-Erleben" innerhalb bestimmter Passagen selbst.

Der Titel des zweiten Buches „Gott-Mensch-Wahrheit" hat erst in diesem nun vorliegenden Werk seine volle Bedeutung erlangt. Der Nebel der Isoliertheit des irdischen Denkens und das Fehlen der Diskussion mit Gott verhinderte die Entwicklung. Der Autor benötigte viele Jahre nach dem Schreiben des zuvor erwähnten Buches, um das Geheimnis der geistigen Organisation sowie deren Bund mit dem Körper des Menschen – die Seele – zu erkennen. Der Mittelpunkt der Welt ist Gott und nicht der geistverarmte Mensch. Die Aufgabe des Autors ist es, sein Wissen den Menschen zu deuten. Das vorliegende Buch unterliegt in seiner Darstellung nur einem einzigen Ziel: Die Rückführung ehemals gefallener Engel zu Gott.

Das Universum, ein auf Zeit stofflich aufgebauter Prozess des Urknalls

Entstehung:	aus komprimierter kosmischer Energie
Zweck:	Materie zu schaffen
Materie:	Gegensatz zu lukrieren
Gegensatz:	Zähmung derselben
Zähmung:	kontrollierte Bewegungsenergie erzeugen
Bewegungsenergie:	kosmisches Erfordernis
Kosmisches Erfordernis:	Überwindung einer dynamischen Krise

Die Existenz des Universums ist ein Weltennebel mit einem Zellkern als Vorstufe für die Gärung von Körperzellen zur Entwicklung und dem Werden organischer Einzelwesen.

Materie vergeht ähnlich einem Erlebnis.

Das Leben der Menschen ist im Nebel ihrer Existenz ein Wunder.

Materie-Energie lässt sich durch Prozesse in kleinste Einheiten zerteilen.

Geist-Energie erlebt sich bereits in ihrer kleinsten Einheit.

In den drei bisher erschienen Büchern wurde der Versuch unternommen, das Menschengeschehen seit dem Sündenfall von unten, von der erdenen, materiellen Ebene her, teilweise in „abstrakten" Formulierungen, zu erklären. Den Wahrheitsbeweis für die Realitätsfanatiker liefert die Logik vom Erleben, Formulieren von Begriffsbildungen sowie das Denken und Erkennen im Sinne Aristoteles und seiner Terminologie.

Der Autor ist ein Kenner im Erleben psychischer und physischer Beanspruchung durch Eingriffe kosmischer Gesetze. Transzendentale Erlebnisse in der geistigen Organisation sind vorbereitende Darlegungen und Interpretationen gegenüber der Materie Körper. Der Mensch trifft als körperliches Individuum mit seiner geistigen Organisation zusammen.

Der Glaube entwickelt Persönlichkeit.

Die Darstellung der Geschichte ist das Gleichrichten von Geschehnissen und das Befreien von Wundern.

Was sich in den letzten zweitausend Jahren rund um die sogenannten christlichen Religionen, das stark verwandte Judentum nicht ausgenommen, an Irrsinnigkeit im Glaubensfanatismus durch das Mittelalter bewegte, ist so unfassbar, dass man die Verantwortung dafür nicht nur der menschlichen grenzenlosen Dummheit, sondern sehr wohl auch der satanischen Gegenwelt zuschreiben muss.

Yang – das männliche, zeugende Prinzip – und Yin – das weibliche, gebärende Prinzip

Beide spielen als die jeweiligen gegensätzlichen Grundkräfte die Hauptrolle im Taoismus der chinesischen Philosophie. Der aus der vierten Welt, der kosmischen, in die „dritte" abgefallene Engel erlebt sich als Spielball von Gott und Teufel. Zur östlichen Dualität von Yin und Yang gesellte sich die westliche von Adam und Eva. Je zwei aus einer Einheit entstandene Kräfte, welche sich gegenseitig brauchen und trotzdem sich gegensätzlich zueinander verhalten. Durch den gefallenen Engel, der seine Macht über die Materie ausübt, wurde der Mensch aus seiner früheren Gleichwertigkeit gespalten – in minus- und pluspolig. Das männliche Prinzip favorisierte sich selbst so weit wie möglich mithilfe der Religionen hin zum Patriarchat. Die Geschichte ist voll von Krisen, welche in dieser Spaltung ihre Ursache finden. Die oft extreme Demütigung des weiblichen Geschlechtes quer durch die Völker blieb ungesühnt. Die herrschlustigen Machos ahnten in ihrer Empfindungsprimitivität nicht, dass sich das Leben weiterdreht, der Tod kein Ende darstellt und derselbe Typ nun selbst als geknechtetes Weib durch das nächste Leben gezogen wird. Dieses Schuld-Sühne-Prinzip, aus der Kausalität geboren, wird Karma genannt. Das Hintergrund-Geschehen zwischen Tod und neuem Leben hat für den Menschen einen großen Nachteil, er glaubt der Einfachheit halber nicht daran. Lebensprobleme der körperlichen Art sind immer bewältigbar, notfalls löst sie der Tod, und der führt wieder in ein neues Leben, sofern seine Seele mitzieht.

Nur so viel Gewalt anwenden, um keine Gegengewalt herauszufordern: ein Akt der Selbstdisziplin. Nicht die körperlichen Kräfte haben hier das Sagen, es ist die geistige Organisation, welche die Gesamtheit eines Geschehens sieht und bewertet. Profan ausgedrückt: Das geistige Energiefeld eines himmlischen Engelwesens in Verbindung mit unseren Homo sapiens als Träger des Gegensatzes stellt sich als menschlicher Prototyp einer Elite dar. Kraftvolle Eigenschaften für das Gute, welche aber das Böse nicht ganz aussperren, sonst gebe es nur Stillstand. Dieses Elite-Mensch-System sollte sich als einzige Spezies über den gesamten Erdball ausbreiten, während alle anderen Exemplare sich ihrem Aussterben nähern sollten. Für den edlen, beseelten Menschen war eine Verbindung mit den unedlen, unbeseelten Menschen keine Option. Trotzdem faszinierte dieses frevelhafte wilde Treiben so manches edle Wesen aus dem Paradies und ließ sich hineinfallen in die hemmungslose Gegensätzlichkeit des tiermenschlichen Daseins.

Die jüdische Philosophie ist von der Religion getragen, damit wäre sie befähigt, mit dem Tod zu verhandeln.

Die fernöstliche Philosophie unterwandert den Tod durch ihre erlernbare Absenkung in das Nichts.

Die Philosophie des Westens versucht den Tod erfolglos zu umgehen.

Die Technik hilft den Menschen besser zu leben.

Das Leid hilft dem Menschen besser zu werden.

Das Ziel bestimmt den Weg.

Die Erfahrung aus Erlebnissen bringt eine Veränderung der Persönlichkeit.

Das menschliche Bewusstsein ist in Nebelkreisen fundiert.

Wahre Philosophie trifft die Urschuld des Menschen.

Wahre Religion trifft die Rückführung aus der Urschuld.

Der Aufstieg in die Gruppe der Wissenden beginnt beim Studium über sich selbst.

Die Geschichte ist nur ein Merkmal des menschlichen Seins.

Apostel Paulus hat Jesus gekannt. Durch seine jüdisch-hellenistisch-römische Erziehung, zusammen mit der Unabhängigkeit durch seinen Beruf als Zelte-Bauer und seinen guten griechischen Sprachkenntnissen erwarb er sich das stoisch-hellenistische Gedankengut und die Kenntnis heidnischer Kulte. Die orientalisch mystische Mythologie brachte ihn später zu seiner Missionstätigkeit.

Die Septuaginta erweiterte seinen hohen Bildungsgrad. Als Pharisäer und aufgrund der Bildung, die ihn prägte, stand er dem neu erschienenen Christentum nicht nur feindlich gegenüber, sondern nahm auch an Verfolgungen von Christen teil.

Seine hohe Intelligenz stammte aus dem Arsenal von enorm angehäuftem Wissen. Seine Lebenstätigkeit folgte nicht der Summe nach, sondern immer nur nach Fragmenten seines Wissens. Die Gesamtheit eines Wissens ist Intelligenz, man kann diese nicht in eine Lebensart pressen. Nur die Mystik einer Vision ohne Intelligenz als empfindende Wahrheit kann alles erfassen. So eine Wahrheit quält den Menschen insoweit, als er nur mit dem Wissen einer Realität bewaffnet ist. Die Qual verbreitet dämonische Einwirkungen im Menschen, und genau die erfasste Paulus in seiner Vision „Christus braucht mich."

Die göttlichen Engel und die teuflischen Dämonen versuchen mit mehr oder weniger Erfolg die kranke Menschheit, jeden Einzelnen von ihnen, für sich zu gewinnen. Dem minuspoligen Prinzip gelang es, Menschen zu manipulieren, indem sie mit der lakonischen Bemerkung, es gebe ohnehin kein Leben nach dem Tod, die Flamme ihres Gegensatzes auf die höchste Stufe drehten. Die Verantwortungslosigkeit jubelt. Die Gottgläubigen irrten mit ihren Konflikten auf der Suche nach einem Halt zu den Religionen. Ein positives Versprechen im Leben lässt sich beweisen, aber nicht nach dem Tod. Hier liegt die Ursache, welche die Menschheit lieber dem Teufel folgen lässt.

Die Lebensfähigkeit des menschlichen Organismus bedient drei Faktoren: Lebensgeist, Seelen-Geist, Ich-Geist

Die Philosophie hat im Verlauf der Geschichte den Versuch unternommen, falsche, machtorientierte Religionen zu reparieren. Jetzt sind beide von der Wahrheit in Verruf geraten. Es erlebt sich nur eine Religion in Wahrheit, in welche der Gläubige nicht nur im Gotteshaus, sondern im gesamten Leben seinen Mittelpunkt an Gott abgibt. Der Kampf zwischen Bewusstsein und Unbewussten wird eben um diesen Mittelpunkt geführt. Für die Seele des Menschen wäre eindeutig Gott der Mittelpunkt. Aus diesem Kampf der Gegensätze hält sich die Philosophie heraus, obwohl dieser Kampf sich von der physikalischen Welt ableitet. Die größte Schwierigkeit für das menschliche Denksystem ist es, eine weit über ihn stehende Kraft anzudenken, diese ist im abstrakten Dasein beheimatet und entzieht sich einer denkerischen Beweisführung. Die Seele eines Menschen empfindet diese Kraft als Energie des Geistigen, deshalb blüht in der Welt der Seelenlosen der Atheismus.

Die Art der Verarbeitung von Gegensätzen bildet den Charakter des Menschen. Die Art der Gegensätze bildet das Kausalitätsprinzip. Ohne Ursache geschieht nichts. Der in der Materie eingeborene Gegensatz ist Verursacher allen Geschehens in unserer irdischen Welt. Der Sitz der Gegensätze befindet sich in unserer eigenen Körperlichkeit. Das geistlose Denkvermögen hat sich selbst zum Handlungsfähigen über Ursache und Wirkung ernannt. Die Geschichte ist das Spiegelbild eines geistlosen Ursachen-Geschehnis und einer ebensolchen Wirkungsbekämpfung mit all seinen Folgeerscheinungen. Das Rad dreht sich immer schneller. Die Frage ist, wie viele Chancen eine positive Charakterbildung in einem geistlos brodelten Tümpel von Gegensätzen überhaupt noch hat? Keine wäre falsch. Einen richtig guten Charakter kann ein Mensch nur erwerben, wenn er sein Mittelpunkt-Denken immer stets auf Gott und nicht auf eine Religion oder auf Machtspiele geistloser Personen richtet. Wie viele Menschen mit Geist und Eigenverantwortung hat die Zigtausendjährige Geschichte hervorgebracht? Einen: Jesus. Niemand sonst hat so unsägliches Leid auf sich genommen, nur um der Menschheit zu zeigen, ein Leben nach dem Tod in der vierten Dimension sei Wahrheit. Wenige sind weltweit zu allen Zeiten der Energie des göttlichen Geistes nahegekommen. Viele, sehr viele haben aus Angst und Respekt gewendet vor etwas „Über-ihnen-Seiendes", dass darauf wartet, uns gläubig zu nähern, um den Charakter eines Menschen zu formen.

Alle Mächtigen dieser Welt haben im Grunde die Menschen mit Glaubensbereitschaft zum Höheren nur betrogen. Ihren Gottähnlichkeitswahn hat der Tod weggeräumt und nur schöne Mausoleen ihren geistlosen Anbetern hinterlassen. Was wird außer der Urschuld in das sich immer wiederholende neue Leben eines jeden beseelten Menschen mitgenommen? Die Entscheidung darüber wird in einer wahren Welt, der vierten, der geistigen, wahrgenommen. Was benötigt so ein abgewrackter gefallener Engel, der wieder in Marsch gesetzt wird, zurück in seine materielle Traumwelt Erde als Wiedergeburt-Anwärter? Bewaffnet mit mehr oder weniger schwerem Gepäck, das ihm in seiner Urheimat nicht abgenommen wurde, beginnt von „oben" die Suche nach einem für seine Belastung adäquaten Zeugungsvorgang für sein neues Zuhause in der engen Welt der dritten Dimension. In seinem vergangenen Aufenthalt im Himmel wurde sein Gepäck wohl durchforstet, waren positive, brauchbare Stücke dabei, wurden diese für die negativen als Entlastung abgeladen. So steht das neue Menschlein ahnungslos zum wiederholten Mal in seiner realen Traumwelt und hätte als einzigen mitbekommenen Auftrag sein Leben so zu gestalten, dass seine negativen Gepäckstücke dort abgeladen werden, wo er sich sie in früheren Leben aufgeladen hat. Sollte es jemandem gelingen, seine Belastung in diesem neuen Leben abzubauen und mit einem plus/minus Null karmischen Wert in seinen nächsten Tod gehen, so wird er wieder in seiner wahren geistigen Heimat bei Gott mit Freude und Liebe aufgenommen werden. Vielleicht empfinden sie diese Darlegung als kindlichen Unsinn, versuchen sie es trotzdem, das kindliche Denken hat noch einen ehrlichen Zugang zur Wahrheit – ihres sicher längst nicht mehr. Es wurde gesagt: „Werdet in eurem Denken und Fühlen wie die Kinder, dann versteht ihr euch selbst."

Die Mystik des Traumes findet im Bereich des Unbewussten, im Energie-Fundus des körperlosen Geistkörpers des Menschen statt. Kein schöner Anblick, das menschliche Unbewusste, in das laufend alle schlechten Tätigkeiten vom Bewusstsein zur Verdrängung hinuntergeladen werden. Dieses duscht sich gerne, reinigt sein schlechtes Tun mit viel Schaum, um in äußerlicher Schönheit in der Öffentlichkeit zu glänzen, um hinterrücks wieder im Schmutz zu baden. Der menschliche Körper ist während seiner Lebenszeit immer wieder periodisch zum Auftanken seiner notwendigen Lebenserhaltungsenergie zum Schlafen gezwungen. Die Mystik des Lebensgeistes borgt der Materie die Energie für das Leben, schaltet aber die geistigfundierte Energie ab. So einen Klumpen Materie mit all seinen Sinnesansprüchen in Betrieb zu erhalten, erfordert gewaltige Energiemengen aus seiner stofflichen Fütterung.

Die Wissenschaft meint, das Vierdimensionale sei nicht existent, weil mit den Mitteln der realen Denkenergie keine Beweisführung möglich ist. „Richtig", kontert die vierte Dimension, „da ihr euch da unten nur als Fiktion einer Wirklichkeit erlebt. In den Zigtausend Jahren, in denen ihr noch immer nicht in der Lage seid, eure Gegensätze zu zähmen, dümpelt ihr weiter durch eure Geschichte. Euer sinnloses Leben benötigt dringend eine Reform. Golgota habt ihr verworfen, was muss geschehen, damit sich euer Glaube nicht nur am Stumpfsinn einer Beweisführung festklammert?"

Mystiker aus den Religionen des Fernen Osten und unseres Mittelalters fanden Wege über ihren tiefen Glauben im Yin und Yang und in Jesus Prinzip, ihr Unbewusstes zu koordinieren. Die seelenlose menschliche Parallelgesellschaft erlebte sich in tierischer Art gegenüber der paradiesischen Gesellschaft. Wer hat wem verführt? Die schöne Eva aus der unteren Gesellschaft, den Adam aus der oberen Etage? Die Lust der Sinne führte Regie. Adam erwies sich für die geistige Oberschicht als nicht mehr tragbar. Seiner körperlichen Komponente konnte man keinen Vorwurf machen. Sein beseelter Anteil hat ein Dogma Gottes missachtet. Der erste aus dem Paradies gefallene Engel ist präsent auf Erden geworden: Adam.

Nach der vollkommenen Durchmischung der Auserwählten mit der nur evolvierenden niederen Menschheit schlossen die geistigen Eliteschulen als Träger des Menschen nach der Idee Gottes. Es begann die Zeit der Macht-Experimente. Wie schafft man sich selbst das verlorene Himmelreich auf Erden?

Wir befinden uns derzeit in der Geschichte der Menschheit erstmalig in der katastrophalen Lage, dass das satanische Prinzip drauf und dran ist, die Oberhand über die kosmisch göttliche Organisation im Menschen zu erobern. Die Folgen sind nicht auszudenken. Versuche, dieses furchtbare menschliche Schicksalsrad in die andere Richtung zu drehen, scheiterten bis jetzt. Damals, als der Herr den Teufel als Chef der Erdgeister bei sich aufnahm, um die gefallene Engel-Menschheit für ihre Tat zu bestrafen, gab es einen Deal zwischen Gott und Teufel.

Wenn ein menschliches Wesen von sich aus in der Lage ist, die Wahrheit der teuflischen Organisation zu enträtseln, dann erlebt es die Umkehr allen Geschehens zu Gunsten des Göttlichen.

DAS WISSEN AUS DER KOSMISCH-GEISTIGEN WELT (DIE VIERTE UND FÜNFTE DIMENSION)

Die bisherige Literatur zeigt die Entdeckung unserer eigenen Erdenwelt, deren Ideen und Regeln bis zur Trennung des Universums vom Kosmos als die Grenze von geistigen Geschehnissen. Die Antwort von den kosmischen Kräften vom Leben hier wird als das Voneinander-Getrennte und doch auch als das Zusammen-Gehörende beschrieben. Die Zukunft der Menschheit ist aus sich selbst nicht zurück, sondern in ein kommendes Nichts verschoben worden. Der von Gott geplante Geschichtsverlauf geriet in starke, zeitaufwendige Turbulenzen. Die wahren Hintergründe der Geschehnisse im Verlauf der Menschheitsgeschichte sind einzig und allein über die kosmische Sichtweise erkennbar.

Ein Bericht darüber, warum das Leben der Menschen so stattfinden musste, wie es sich noch immer, aber doch dem Ende zu gehend ereignet, wird erstmals aufgezeigt, auch das nicht nur der Mensch, sondern auch Gott eine fehlerhafte Entscheidung getroffen hat. „Er“ verlor seine irdische Allmacht auf Zeit. Nach der Zerstörung des dämonischen Systems durch eine große menschliche Stärke führt wieder Gott. Diese Schrift aus vielen Gesichtspunkten von den diesseitigen und jenseitigen, großen und kleinen elementaren Geschehnissen, vom Begriff „Leben“ zusammengesetzt, ist kein flüssiges Romanlesen, sondern ein mit vielen Stopptafeln gespicktes Aneinanderreihen von nicht immer kompatiblen Aussagen.

Es erwartet sie ein zwanghaftes Nachdenken. Sinnvoll wäre es, vorangegangene Bücher zu lesen, da sie den Einstieg in die abstrakten Bereiche erleichtern würden.

Diese Schrift beendet ihr Wissen am Beginn der Corona Pandemie und ist Begleiter sowie Wegweiser der beseelten Menschheit durch die kommende schwere Zeit, an deren Ende jetzt schon die Strahlkraft der von Gott angezeigten Auferstehung zu leuchten beginnt. Nicht das Studium, sondern die Empfindung ihrer Seele, über das hier gesagte, lässt sie das Licht für ihre Rückkehr zu Gott als ehemaligen, gefallenen Engel erkennen.

Die kosmische Entscheidung beendet das Leben eines beseelten Menschen. Unterwegs ist lediglich der geistige Anteil einer gewesenen Person in Richtung göttlicher Gerichtsbarkeit. Die im geistigen Organismus mitreisenden Erlebnisse werden das Merkmal einer unerlässlichen Wahrheitsfindung vor der Allmacht sein. Eine Analyse zeigt die Reflexion von Tätigkeiten aus dem Bereich des vergangenen, zurückgeholten Lebens. Die Prüfung erfolgt durch die Kraft der Diskussion über die Grundlage einer Gewissensganzheit als Einfluss auf das Verfahren. Der Ausgangspunkt ist die kunstvolle Steuerung, das Aufgefasste darzustellen. Das geistige Denken erblickt das Urphänomen in der Funktion des kausalen Zusammenhanges.

Das zentrale Problem in der Welt ist die fehlende Disziplin der Menschen. Die Bildung dieser Empfindung ist in einen Konflikt mit der kosmischen Welt geraten.

Ein Mensch ist nicht primitiv, wenn dieser einer Gesellschaft gegenüber keine entsprechenden Manieren aufweist.

Ein Mensch ist primitiv, welcher keine Manieren Gott gegenüber aufweist.

Die Logik spielt für das Abstrakte eine große Rolle.

Die konkrete reale Logik bildet die menschliche Intelligenz.

Die geistige Logik bildet den Glauben an Gott.

Zwei parallel laufende Kräfte: Die Erste bewegt sich in der materiellen Welt, die andere in der Geistigen. Die eine in der dritten, die andere in der vierten Welt. Was sie wirklich trennt, ist der Nichtglaube der dritten von der wahren Existenz der vierten.

Die konkret reale Intelligenz schafft niemals den Sprung in die abstrakt geistige Welt. Sie wird behindert von der Schwerkraft der sich selbst auferlegten Beweiskraft. Zwei Wörter trennen eine Welt: Einheit, Gegensatz.

Wie lange sich der Mensch nach der Art Gottes als das Maß aller Dinge noch behaupten konnte, ist im Alten Testament, Amos Kapitel 5/7, circa 5000 Jahre vor Christus beschrieben worden: „Die in bitteren Wehmut das Gericht verwandeln und die Gerechtigkeit zu Boden stoßen."

„Der Herr klagt über die Völker und die Königtümer, die nicht wissen, was ihnen in der Urzeit zugedacht wurde.

Aus Rache werden Völker ausgerottet, verwünscht und finden keine Stimme von Erbarmen und Gerechtigkeit mehr.

Sieger ist der Mensch, voran die Brüder der Urzeit mit ihrem Wissen über den Herrn.

Die Völker der Erde flehen zum Herrn um Erbarmen empor.

Gott sendet die Stimme des Zorns an die Ohren ihrer Versammlungen.

Unter dem Antlitz des Ewigen will der Tod den Moab.

Das Wort Gottes sagt: Der Raub von Boden stößt auf Widerstand.

Erbarmen macht Einsicht und verwünscht das Unrecht.

Das Haus Gottes atmet ewig."

In diesen Sätzen zuvor dokumentierte der Herr seine Sichtweise auf die Menschheit aus der Zeit des DEUTERONOMIUM (vor ca. 10 000 Jahren), und weiter:

„Seine Priester verletzten meine Lehre und entweihten meine Heiligtümer, zwischen Heiligen und Unheiligen unterscheiden sie nicht, und den Unterschied vom Reinen und Unreinen tun sie nicht kund" (Ezechiel 22/26)

In der Religion des Hinduismus hat sich die Unbeseeltheit sehr klar im „Parias" als der „Unberührbare" festgemacht. Später wurde dieses Konzept von der Politik missbraucht.

Zum kosmischen Weg für den Menschen führen drei Religionen: Christentum, Taoismus und Brahmanismus. Sie sind in ihrer Öffnung zum Volk, vor allem zur Familie, die Grundlage einer Wiedergeburt für den wahrhaftigen Menschen im Gegensatz zu den heutigen automatischen Maschinen-Familien.

Wahres abstraktes Wissen kann der Mensch nur durch die Energie aus Leid und Schmerz für sich selbst gebären.

In den alttestamentarischen Jahrtausenden hat die göttliche Instanz immer wieder versucht, durch den Geist übermenschlicher Kräfte Personen zu prägen, welche die Menschen zu bekehren und von der Wahrheit Gottes zu überzeugen versuchten. Die Geschichte zeigt, dass den dämonischen Kräften, zusammen mit ihren seelenlosen Gleichgesinnten, ein Gewinn durch ihre Verderbtheit gegeben ist.

In der Vorlaufzeit des Christentums ist deren Geschichte bereits im Alten Testament dokumentiert.

Der Zorn Gottes über das Gefallen-Sein seiner Engel in den menschlichen Modus zieht sich klar erkennbar durch die Jahrtausende vor Jesus hindurch. In der Zeit nach Golgota hat sich das menschliche Weltgeschehen auch nicht beruhigender entwickelt. In der Abstraktheit der kosmischen Welt zeigt sich real eine Umkehrung. Die Menschheit steht vor ihrer materiellen Auflösung. Das teuflische Prinzip hat Zigtausend Jahre ihre gesamte gespaltene Energie eingesetzt, um die von Gott erschaffene Welt zu zerstören. Eine einzige gefallene, abtrünnige Engelsgestalt in ihrer menschlichen Form hat die wahren Machenschaften der Gegensätze aufgedeckt. Gott, der Herr, ist wieder Alleinherrscher über die materielle Menschenwelt geworden. Im jahrtausendealten aufgestautem Zorn könnte er die Menschheit auslöschen. Das könnte auch der heutige Mensch, allerdings jetzt nicht mehr, es fehlt ihm der satanische Impuls dazu.

Zum linken Bildteil der „Erschaffung Adams“ von Michelangelo ist zu sagen: Ein männlich und zugleich weiblich dargestellter menschlicher Körper, leidender, sehnsüchtiger Abschiedsblick hin zum abweisenden Finger Gottes, dessen Mimik „Du bleibst jetzt da“ zu sagen scheint. Adam sitzt mit dem rechten Gesäß auf einer scheinbaren Baumwurzel, wo sich ein Arm mit krallenförmiger Hand am Öffnen eines visierartigen Kübels betätigt. Darin kleine eingesperrte Menschenköpfe als Symbol der erdenen Leidenswelt. Der Geschlechtszwitter, der seinem Schauen nach weiß, dass Gott ihn in die Welt der geistlosen Materie fallen ließ. Dieses Bild eines traurigen Menschen in die Vision seiner Erschaffung zu heben, ist nicht unbedingt glaubwürdig.

Im rechten Bildteil entschwebt Gott mit seiner etwas eigentümlich anmutenden Gesellschaft der Erde. Die Gruppe der Engelköpfe zeigen alles andere als einen fröhlichen Ausdruck. Aber wen umarmt Gott hier mit seinem linken Arm, einer krallenartigen Hand? Der Herr hat sich den Teufel mit an Bord geholt. Dieser schaut verhalten lüstern auf Adam. Er weiß, welche Macht Gott ihm über die aus dem Paradies gefallenen Menschen erteilt hat. Wenn sie das Gesicht des Teufels genau betrachten, dann schaut ein etwas geschrecktes Antlitz eines Weibsbildes Adam an. Der spirituelle Blick erkennt ihn eindeutig, den Neuen in der göttlichen Mannschaft, Satan. Dieser hat ja oft genug in der katholischen Geschichte am Heiligen Stuhl sein Dirigat verwendet. Der geniale alte Meister Michelangelo hat die Wahrheit des Sündenfalls dem Papsttum in sein Haus gestellt.

Die Wirkung vom Leid wird in abstrakte Energie verwandelt.

Die Kausalität ist die Grundlage für die Arbeit des Karmas.

Es ergibt ein Leid, welches der Mensch unter innerlichem Zwang freiwillig auf sich nimmt, wenn er sich der Erforschung der Letzten Dinge hingibt. Die Energie dieses Leids öffnet die Sicht auf die göttliche Welt und bildet den Menschen nach der Idee Gottes.

Die Leidensenergie, welche ihr Ziel nicht erreicht, weil die menschlichen Begierden sie hindert, landet als Bewegungsenergie in die kosmische Welt.

Der Atheist verleugnet Gott und damit auch moralische Grundsätze, er degradiert sich zum Gegenstand.

Bildung ist das, was übrigbleibt, wenn man das „Erlernte" vergessen hat.

Der alte, beseelte Mensch wird gemäß der Logik seiner bevorstehenden Wiedergeburt wieder zum Kind.

Eine soziale Ordnung ist im Ur-Christentum weder verwirklicht noch angestrebt worden.

Dem Christentum ist eine Anlehnung zur jüdischen, hellenistischen und gnostischen Religion verliehen worden.

Kunst und Religion stehen zueinander in Beziehungen, das sakrale Wesen der Kunst empfindet Gottesverehrung.

Das ständige Bereithalten des aus der Intelligenz erworbene Wissen stellt die höchsten Ansprüche an das nur Begreifliche.

Die Wahrheit Gottes lässt den Menschen in eine Krise geraten, da er sich mit der Kraft des Unbegreiflichen auseinandersetzen muss.

Die Zeit begann mit dem Urknall und endet mit der Kraft der schwarzen Löcher.

Die Astronomie beendet ihr Dasein durch das Nichtwissen der Realität hinter dem Begriff Unendlichkeit.

Die Zeit misst den exakten Lebensverlauf eines Menschen nur bis zu dessen materiellen Ende.

Jede Materie ist der Macht der Zeit unterworfen.

Lokale Lichtstrategien waren ursprünglich Nachrichten kosmischer Energie als Präferenz an die christliche Kultur.

Die Ursache bestimmt die Art einer Wirkung, die Zeit ihre Dauer.

Die Forschung befasst sich dem Grunde nach mit dem Christentum, wie es sich zum Zeitpunkt von Golgota darstellte und wie die Organisation der Verbreiter nach der Zeit der Apostel den Geist dieses Christentums an die Menschen brachte. Betrachten wir dieses gewaltige Geschehen einerseits als brutales Ereignis von dem ungezähmten Gegensatz aus der menschlichen Materie unter der Regie des satanischen Prinzips und andererseits von der Beweisführung aus einer kosmisch geistigen göttlichen Welt.

Eines muss man dem materiellen Körper samt seinem Denkvermögen anerkennen, er kann einen kindlichen Stolz gegenüber seinem Widersacher, dem Geistkörper, entwickeln, und zwar dann, wenn sein eigenes Denkvermögen mit geistiger Energie infiltriert wird. Die Materie merkt dabei den elementaren Unterschied zwischen ihrer eigenen und der geistigen Energie. Letztere hinterlässt keine Rückstände.

Wenn also eine sehr selten vorkommende Kontaktnahme zwischen Geist und Materie in einem Menschen stattfindet, reagiert der Körper mit der restlosen Ausscheidung seiner stofflichen Energie-Rückstände, als wolle er sagen, hallo schau her, auch meine Energie bildet keine Rückstände, auch sie ist geistig. Das ist für den menschlichen Körper ein eher unangenehmes Geschehen. Dessen Innereien und sonstige Konstruktionselemente werden durch Einströmungen geistiger Energie wahllos mit allen möglichen schmerzhaften Veränderungen belegt, es erfolgen starke Umwälzungen für die Verschmelzung der beiden Grundkräfte in allen Bereichen.

Im Vergleich zum Universum ist im Kosmos eine immerwährende Energie vorhanden. Diese veränderte durch eine auch für Abstraktes unbekannte Kraft seine ehemals kugelige Form durch einen reinen Energiefluss in eine in sich schwimmende Scheibe ohne Ausmaß. Darauf erhebt sich in einem kosmischen Randbereich das Weltbild des Universums in ihrer kartoffelartigen Form als eine in ihrer Atmosphäre schwimmende Materie. Die Grenzbereiche zum Kosmos sind sphärisch, ineinanderfließende Materie bzw. Geist-Energien in krummen Linien. Abstrakt verknüpfte Zellkörper an der Grenze umkreisen die universelle Welt.

Die menschliche Froschperspektive erkennt nicht das wahre Geschehen außerhalb des für sie messbaren Bereiches. Die Idee einer geistigen Energie ist für sie ein Problem. Der Mensch begreift den Wechsel vom Leben zum Tod nicht. Das kosmische Weltbild hat Geltung für alle das Universum betreffende Antworten. Das universelle Weltbild gründet ihre Wirklichkeit auf variable Aussagen. Das Denken der Menschen reicht nur bis an die Grenze. Die geistig kosmische Energie könnte man als eine unendlich aneinandergereihte Aktivität von abstrakten Geschehnissen bezeichnen, deren Wellenbewegungen in sich hineinstrahlen, zugleich auseinandertreiben, um sich dann selbst wieder einzufangen.

Wie kam es eigentlich zur Abtrünnigkeit aus kosmischer Sicht?

Das Wissen der Engel über einen für sie als nutzlos erachteten Einsatz kosmischer Energie für Materie. Der Aufbau von Körper-Zellen an den Grenzen zur universellen Welt begründete Neugierde. Diese Neugierde expandierte zur Geschichte der Menschheit.

Das Gute vom Schlechten trennen, das Schlechte verbrennen. Die Asche des Schlechten wird der Boden als Wachstum für das Gute. Eine neue Religion vereint die beseelten Menschen wieder zu ihrem Mittelpunkt – „Gott". Die schwarzen Löcher fressen das Universum samt der in sie hineingeborenen Menschheitsgeschichte in die endliche Vergessenheit auf.

Die Kraft zum Sterben gibt das Leid.

Auf die bewegungslose Ebene eines klaren Wasserspiegels fallen Regentropfen und erzeugen – jeder für sich – Wellen, welche sich in alle Richtungen weiterbewegen, berühren und gegenseitig eine große, variabel gewellte Fläche bilden. Starkregen vergrößert, Nieselregen verkleinert in verschiedenen Abständen das Wellenformat. Kein Stillstand, aber auch keine Zunahme. Gezähmte Gegensätzlichkeit.

Die Gegensätze aus der Materie schaffen für den beseelten Menschen Leid.

Das Leid schafft Energie zur Zähmung der Gegensätze.

Die gezähmten Gegensätze schaffen Energie für die kosmische Dynamik.

Die Forschung über Christentum, Philosophie, Buddhismus, Konfuzianismus, Tod, Jenseits, letzte Dinge, Gnosis, Phallus-Symbol, griechische Antike, Gott, satanisch dämonische Phänomene, kosmische Systeme, Homo Sapiens, Evolution, Urknall, Sinn des Lebens und Logik bilden den Ausgangspunkt zum kosmischen Aufstieg, verbunden mit der wahren Sicht auf die Geschichte der Menschheit und ihre Zukunft.

Die geistige Organisation des Menschen, seine Seele, ist Gewissen, empfindet Liebe, sucht Gott, lebt ewig, bestimmt die Lebenszeit seines Körpers und ist Energie vom Geist Gottes.

Jesus von Nazareth erlebte seine Geburt als Beseelter. Etwas, was niemals eine Religion vorher oder nachher auszeichnete, war das Zeigen der Loslösung des Körpers während seines Sterbens von seiner ihm im Leben nie bewussten Partnerschaft, von seiner geistigen Organisation, von seiner Seele. Gott hat sich in diesem Schauspiel selbst inszeniert, zu sehen bekamen dieses großartige Ereignis nur wenige und nur beseelte Menschen als Zeugen. Dennoch hat dieses Geschehen in der damaligen Welt immer mehr seelenlose Menschen mit der Mystik des Christentums verbunden. Jesus erlebte sich in seiner körperlichen Funktion, Gott sich in der einer geistigen.

Das Kreuz ohne Körper ist auf geheimnisvolle Art das Sinnbild vom Christentum, der Souveränität Gottes, der Verinnerlichung des Geschehens von Golgota für die Abwehr dämonischer Kräfte, zur Wahrheit über sich selbst.

„Nur in einem gesunden Körper wohnt ein gesunder Geist“ – eine typische Meinung in der damaligen römischen Gesellschaft.

Der römische Dichter Juvenal lässt in diesem Satz zwischen ironischer Wahrheit bis zur körperlichen Selbstverherrlichung alles offen. Medizin, Psychologie und Philosophie in ihren oft gegensätzlichen Interpretationen strahlen vor Uneinigkeit. Der römische Satiriker dürfte die Wahrheit erkannt haben, sich aber nicht getraut haben, diese wirklich auszusprechen. Die zu erwartenden Reaktionen von damals wären sicher ident mit denen von heute nach fast zweitausend Jahren.

Im Dekalog als das Glaubensbekenntnis von Juden und Christen ist „Liebe den Nächsten, wie dich selbst" nicht gefordert.

Menschen können Liebe zeigen, aber nicht vermitteln. Im Alten und Neuen Testament wurde von den geistgewirkten Größen Versuche unternommen, den Begriff Liebe von außen in die Menschen hineinzuwirken. Von Moses bis Jesus sowie den Aposteln misslang diese wertvolle Arbeit mit wenigen Ausnahmen. All den Probanden fehlte die Empfangsbereitschaft. Die Liebe ist ein Geschenk Gottes, die Anforderungen für dieses Geschenk liegen hoch, sehr hoch.

Aberglaube und Glaube sind Projektionen bedeutender Ereignisse und Erlebnisse im Denken und Empfinden der Menschen gegenüber den höheren Mächten.

Das Abendmahl war ein Meeting der Jünger Jesus zur Verehrung ihres Meisters und um die Bedeutung der Lehre durch seine Gegenwart zu erfahren.

Abraham verweigerte Bildung, sein Denken personifizierte Gott und projizierte dessen Macht in seine Gebete.

Apokalypse ist eine Fiktion vom Ende der Welt.

Ahura Mazda ist der Gott in der Lehre Zarathustras.

Anthroposophie ist die weise Wissenschaft über die Einlagerung der Seele im Körper des Menschen.

Aposteln waren geistdurchwirkte Kämpfer für das Ur-Christentum.

Der Glaube an diesen einen Gott ist ident mit dem Glauben an alle ästhetischen Religionen, welche dieser erschaffen hat.

Die Vorstellung des Lebens und deren Traditionen bestimmten die Religionen.

Atheismus ist eine Auslagerung des Empfindens in das Denken.

Arme Seelen sind die, welche sich vor dem Tribunal der Letzten Dinge einfinden müssen.

Asche ist die Hinterlassenschaft von Materie.

Astrologie entstammt dem Sternendasein der Naturreligionen und findet sich später in einer Wissenschaft der Astronomie wieder.

Die Rationalisierung der Welt schafft Empfindungslosigkeit.

Der Mensch betreibt für sich ein Phänomen, die Hervorhebung von Materie für einen Kontakt zu Gott. Der Glaube lebt im Ergebnis einer persönlichen Unfähigkeit durch die Fremdheit zu Gott eine Frage an ihn selbst zu formulieren. Das bedingt eine Glaubenshilfskonstruktion. Der Urmensch hatte schon ein Empfinden dafür, was wir heute Metaphysik nennen. Jede formale Einheit einer Materie ist der Vordergrund eines geistigen Hintergrundes. Die erlebte Hilflosigkeit des Menschen gegenüber der Größe lebenszerstörender Naturgewalten führte zu ihrer Anbetung mit der Bitte um Schutz ihres Lebens und um Hilfestellung gegen böse Geister. Elemente aller Art erhielten gottähnliche Symbolkräfte, spirituelle Handlungen bestätigten den Glauben an ihre Hilfsgötter in einer überbordenden Vielzahl. Dem nachparadiesischen Menschen war es nicht mehr gegeben, den wahren Schöpfergott hinter der massenhaften Vielgötterei wahrzunehmen. Die Welt des Teuflischen mit all ihren dämonischen Kräften begann im Glaubenschaos kräftig mitzumischen. Der Mensch als Spielball dieser Mächte erlebte sich als Elend und zugleich auch als dem Gegenteil. Die Verderbtheit aus der Durchmischung von beseelt und unbeseelt hielt sich noch in Grenzen. Eiszeiten und Überschwemmungen regulierten noch eine zu üppige seelenlose Evolution. Die Erde kämpfte mit ihren geologischen Gegensätzen. Kriegsgötter sind im Entstehen begriffen. Götter, die helfen sollten, die eigene Spezies Mensch in Schlachten zu schlachten. Die Vergötterung der Macht hält Einzug und opfert ihren Kriegsgöttern massenhaft Menschen. Kriege brachten Tempo in die Welt. Die Eigendynamik des satanischen Prinzips erforderte Konfliktsituationen mit der Schöpfung. Gott sprach mit Moses und legte seine Wünsche an die Menschheit dar, um dann vom auserwählten Volk doch nicht erfüllt zu werden. „Du sollst nur einem Gott dienen“ sprach der Herr. Die Menschen stilisierten sich über den Verkauf ihrer Seelen an den Teufel selbst zu Göttern. In den alttestamentarischen Geschehnissen schlug das Christentum ihre Wurzeln bis hin zum Finale der Ermordung des Körpers, der göttlichen Seele des Jesus am Kreuz, als die Sichtbarmachung eines Lebens nach dem Tod.

Gott hilft dir zur Heimkehr in das von dir als gefallener Engel verlassene ewige Leben im kosmischen Paradies des Himmels. Diese Aufforderung traf auf die Zwei-Geteiltheit im Menschen, auf den mit nur fünf Sinnen ausgestatteten Körper und auf seine geistige Organisation alias Seele. Gott ließ nach dem Sündenfall seine geistige Energie als Strafe im Menschen drosseln. Das teuflische Prinzip stattete die nun allein gebliebene Organisation mit einer Art eines irdischen, schlichten Denkgeistes aus. Dieser Ungeist wurde der Motor der Menschheit für das, was sie bisher getan hat und weiter tut. Die Menschen, welche den Sinnen-Geist nicht für kompetent hielten, mussten ein gefährliches Leben führen, denn nichts hasst der Groß-Macht-Wahn mehr, als wenn sein Ungeist von einem wahren Geistigen an den Pranger gestellt werden könnte. Der große Geist eines Platons versagte auch bei dem Tyrannen Dionysos in dessen Staatsführung. Das Versagen des Geistigen gegen das Ungeistige manifestiert sich in der uns bekannten Geschichte. Gott verlor eindeutig an Terrain gegen seinen teuflischen Widersacher.

Einem Totenkopf sieht man nicht mehr an, welche Denkenergie seinen Hohlraum einst mietete. Es ist also nicht egal, welchem Toten eine Ehrerbietung seiner Verlassenschaft anzugedeihen wäre. Jedenfalls haben wir ein Vielfaches an Totenköpfen, deren ehemalige Zugehörigkeit zur Gattung der gierigen Machtgeilheit gegenüber derer einer geistigen Elite zuzuordnen ist. Die Geschichtsschreibung samt den zugehörigen Grabdenkmälern, in welchen diese Hohlköpfe nun lagern, zeugen von der Wahrheit dieser Aussage. Anscheinend war die Geschichtsschreibung hauptsächlich von seelenlosen Schreiberlingen in ihrer Machtanbetung besetzt. Den Totenköpfen ist es völlig egal, wer in ihnen hauste, sie sind lediglich Zeugen einer vergänglichen Materie. Dass im Hohlraum eines Totenkopfes auch einmal eine geistige Energie ihre Heimstätte hatte, welche die Gewalt der Gegensätze zu zähmen wusste, ist bis heute unbekannt.

Im Buch „Gott-Engel-Mensch-Teufel-Wahrheit" steht ein Satz, der sinngemäß lautet: Das Eindringen des Geistes in das menschliche Denken sei vergleichbar mit dem Andocken einer riesigen, überdimensionalen Lokomotive an einen sehr kleinen Waggon. Heute nach sechs Jahren greift sich dieser etwas holprig wirkende Satz wieder auf und erkennt in sich eine Wahrheit, welche damals noch nicht gegeben war. Der menschliche Körper, der sich gerne als geistig Seiendes begreift, aber nur das neugierige Schmalspurbahn-Exponat eines geistigen Wesens ist, sah sich eines Tages mit Neugierde erfüllt dem Phänomen des wahren Geistes gegenüber. Die riesige Lok erfreute sich, einen neugierigen, aus der kleinen materiellen Welt stammenden Interessenten als Anhänger zu erhalten, nahm Fahrt auf, um stolz seine eigene geistige Umgebung zu zeigen. Diesem kleinen, angehängten Waggon in seinem gewohnten engen, irdischen Dasein breitete sich eine abstrakte Welt voll von bekannten Geschehnissen, allerdings aus einer völlig anderen Sichtweise, aus. Die große Lok koppelte ab, ließ ihn stehen, den kleinen, irdischen Waggon, mit dem kleinen, neugierigen, menschlichen Späher an

Bord, allein in der kosmischen Abstraktheit. Der erste Mensch, nicht am Mond, sondern über die Grenze des „Tot-Seins“ hinaus, spähte hinunter auf seine Welt, in das von Gegensätzen geprägte Chaoten-Dasein, und erkannte plötzlich alle Fehlentscheidungen, welche aus seiner ursprünglichen Abtrünnigkeit resultierten. Furchtbare Wahrheiten zerrten den Selbstbetrug eines jeden Menschen in dieser Materialwelt ans Licht. Die körperliche Denk-Organisation war längst ans Limit angelangt und dem Absterben geweiht, die Aktivität der geistigen Organisation, die Seele im Menschen, kam zu Hilfe, rettete das Denken und ließ alles Erlebte zum Studium für die beseelte Menschheit aufschreiben. Erst jetzt, nachdem die Lok wieder angekoppelt hatte und in langsamen Serpentinen den Waggon mit dem menschlichen Spion an Bord zur Erde zurückbrachte, da erkannte er, der Spion, Gott als die Lok.

Der Titel des zuvor erwähnten Buches weist noch eine damals noch unbekannte Vorwegnahme auf. Die Dualität von Engel und Mensch erlebt sich in Wahrheit zwischen der Gegensätzlichkeit von Gott und Teufel.

Diese Schrift zeigt die Entwicklung des Bewusstwerdens für das Unbewusste.

Der Tod existiert nur für seelenlose Menschen.

Der Inhaber eines falschen Gedankens kann Gott nicht erkennen.

Der Herr und der Mensch sind ein System gewesen.

Die Energie aus der Materie des Körpers beseelter Menschen hat Konkurrenz: die Energie aus dem erfahrbaren Leid sowie die Energie aus der göttlichen Seele.

Der Aufstieg eines Menschen durch die Energie seiner geistigen Organisation zur vierten Dimension lässt die Ursache der Differenz von Mensch und Gott erkennen.

Eine Schrift mit Gottes Hilfe erarbeitet die Wahrheit bis zum Ende der Endlichkeit.

Diese Schrift gegen die Seelenlosen ist das Zeichen Gottes für die Befreiung der Beseelten sowie vom Ende des Kampfes der körperlichen Denkenergien gegen die geistige Organisation.

Das Kreuz von Golgota ist das wahre Symbol der Freiheit für die gläubigen Menschen geworden.

Das menschliche Kreuz hat eine Schmerzempfindung durch seine Verschmelzung mit dem Kreuz von Golgota.

Die Energie aus körperlichem Schmerz benötigt die geistige Organisation für ihren Aufbau.

Der Erwerb eines großen Wortschatzes und dessen variable Verwendung nennt man Intelligenz.

Die Liebe und die Sünde sind Darstellungen ohne Gegenwert.

Die Bildung einer Schule zum Erkennen des Christentums wird erforderlich.

Disziplin benötigt einen Inhaber.

Die Begierde schleppt das Elend anderer hinter sich her.

Die Angst vor dem Corona-Gift bringt das Bewusstwerden für das einfache Bitten um die Hilfe Gottes zurück.

Die Wirtschaft wird das Hilfsmittel zum einfachen Leben.

Die Industrie bringt die Rückkehr für das Notwendige.

Durch die verlorene Wette des Teufels scheidet Gott die beseelten von den unbeseelten Menschen.

Den Körper eines geistlosen Menschen beherrscht dessen Triebhaftigkeit.

Gott ist in Wahrheit ein harmonisches Energie-System.

Das kosmische System sind Energiezellen.

Der Tod schlichtet die Gegensätze.

Kenntnisse über das Jenseits zähmen die Begierden, riskieren aber Leid.

Über eine Langzeitbewertung der Menschheit stellen geistige Kräfte das Vergessen.

Eine wunderbare Liebe zwischen Gott und seinen Menschen nimmt ihren Anfang.

Gott in der Corona-Krise infrage zu stellen ist riskant.

Das Geschäft mit der Krise machen die, welche das falsche Leben um jeden Preis erhalten wollen.

Die geistige Organisation eines beseelten Menschen ist Garant für das Überleben in der Krise.

Gottes Auftrag ist zügig die Masse der Menschen auf ein für die Erde erträgliches Maß zu reduzieren.

Eine gewaltige Sterbeaktion in der Menschheitsgeschichte könnte nach Gottes Willen in noch nicht erkennbarer Zukunft vollzogen sein.

Der allgemeine Lebensstandard der Nach-Corona-Zeit wird sich auf dem Niveau der 1960er-Jahre einpendeln.

Die Empfindung zu Gott wird durch das Kreuz gestärkt.

Das Kreuz ist das Urphänomen an Kraft aus dem Vermächtnis Gottes seit Golgota.

Das Kreuz bietet eine Hilfestellung für den beseelten Menschen.

Menschen riskieren zu viel für ihr persönliches An- und Aussehen.

Die geistige Organisation eines beseelten Menschen ist ident mit seiner Aura.

Ein unerträgliches Leben lässt das Sterben als Freiheit erscheinen.

Diese Schrift lässt:

Paracelsus
Die Welt-Entstehung
Die Grundfrage des Lebens
Das Unbewusste
Die Aufgabe des Menschen
Das Begreifen der Lehre über die Welt
Die Gerichtsbarkeit Gottes
Die Wahrheit über die Geschichte der Menschheit vom Urknall bis zur Rückkehr wieder aufleben

Der Aufbau einer neuen Gesellschaft nach Corona liegt im Interesse Gottes. Dieser Aufbau wird ähnlich einer parlamentarischen Ordnung mit dem Wissen der Lehre sowie der Zugehörigkeit zur beseelten Elite erfolgen.

Das unveränderliche Prinzip des Systems, demnach sich alles wieder zurück zu seinem Ursprung/Beginn wendet, ist jedem beseelten Menschen in sein Gewissen eingeprägt.

Die wahre Kunst ist die, welche sich durch geistige Visionen entwickelt. Beethoven stellte seine Neunte Sinfonie mit der Schiller'schen Textierung in den Dienst der abstrakten Freiheit eines kommenden, wahren Menschentums. Die Vision gebar sich aus seinem körperlichen Leidenszustand, aus der Verachtung seiner ausbeuterischen aristokratischen Umgebung sowie der Freude über die Französische Revolution und Napoleon; Letzerer erfreute nur, bis er begann, sich selbst zu verherrlichen. Sein Leid fand den Weg in die höchste tönende Kunst und deren Vision. Diese wird in einigen Hundert Jahren wahr, sagte damals der große Meister. Heute, nach über 200 Jahren kündet sich die Revolution für das wahre Menschentum an.

Der Begriff „Selbstfindung" zeigt seine Verwandtschaft mit Selbsterkenntnis. Den Ausgangspunkt bildet das Unbewusste, welches in sich selbst etwas finden und erkennen soll, dass das Bewusstsein gerne haben möchte, aber nicht bekommt. Meist tritt dieses Verlangen dann ein, wenn der Lebensverlauf sich so entwickelt, dass die Zufriedenheit von Missverhältnissen öfters überfahren wird, oder wenn man sich zur falschen Zeit am falschen Ort als Problem antrifft. Das noch so konzentrierte Nachdenken über das Warum fällt auf unfruchtbaren Boden. Manche nehmen eine Auszeit vom Alltagsleben und begeben sich auf einen Selbstfindungstrip. Angebote bzw. Eigenideen stehen vielfach zur Verfügung. Ein gemeinsamer Nenner ist bei allen Varianten zu finden, alleingelassen zu werden, sich mit sich selbst zu beschäftigen. Wer ist der, der sich mit sich selbst beschäftigen soll? Der, der das Mitsich-selbst-Beschäftigen nicht wahrgenommen hat. Die von der Bewusstseinsrealität nicht mehr aufzunehmenden Geschehnisse und Ereignisse verlangen eine Erklärung, welche sie sich selbst nicht geben kann. Verzweiflung, Leid, Resignation finden sich über das „Warum" ein. Der menschliche Körper mit seinen Sinnen samt der Energie seines Denkens steht vor einem unlösbaren Problem. Im günstigen Fall empfindet der Selbstfinder-Sucher in sich eine abstrakte Regung, welche in eine Erkenntnis münden könnte, die besagt, dass der Mensch nicht nur Körper sei, sofern es sich um einen beseelten Menschen handelt.

„Selbstverwirklichung" ist ein gedachter Prozess; er beginnt dort, wo die „Selbstfindung" ansteht, nämlich bei der Dualität des Menschen. Ohne diese abstrakt wirkende Aussage zu begreifen, sind weder Selbstfindung noch Selbstverwirklichung möglich. Eine nebulose Ahnung sein Selbst zu finden, ist archaisch gegeben. Der Mensch befindet sich lebenslänglich auf der Suche nach seinem zweiten Ich. Eine erfolgreiche Selbstfindung öffnet die Mystik zur menschlichen Seele, sein zweites Ich, seine geistige Organisation, seinen Geistkörper, sein Unbewusstes. Innerhalb dieser mannigfaltigen Benennungen ziehen sich meist unverständliche Träume, Empfindungen, Gefühle und allerlei Schreckhaftigkeiten an das Licht einer wachen Betrachtung. Malerische Kunstrichtungen eröffneten einen Wettkampf über die Darstellung ihrer seelischen Gerümpel-Inhalte, ohne deren Sinn zu erahnen. Auch das Orakel von Delphi bediente sich dieser einzigen dem Menschen gegebenen Möglichkeit, einer Art höheren Kaffeesud-Leserei. Scharlatane aller Zeiten und Völker sammelten für sich Reichtum und Ansehen, aber wenigen Menschen war es gegeben, die Findung ihrer Seele wirklich zu empfinden. Nur einer Religion gelang die Sichtbarmachung der geistigen Organisation, die himmlische Erscheinung von Golgota. Die Selbstverwirklichung ist das Tor zur Rückkehr in die wahre Heimat der Seele, die Selbstfindung, der Weg dahin. Der Körper bleibt das, was er immer war, eine von der Seele gemietete, sterbliche Materie.

Die Energie des der Materie zugewandten Denkens stammt aus dem Lebensgeist des Menschen. Es hat die Aufgabe, den Fortbestand des gegebenen Lebens durch Denken und Handeln zu ermöglichen. Das Denken ist ident mit dem Bewusstsein.

Das System einer Andersheit in der seelischen Organisation veränderte das Gefüge der Sinne:

» durch die Begegnung mit der ersten Ursache des Seins,
» durch die plötzliche Sichtbarwerdung der Abgründe, welche das Leben begleitete,
» durch das Kreuz als Sinnbild des Leides,
» durch die Seele als geistige Institution Gottes,
» durch den Neubeginn eines Lebensabschnittes aus dem Prozess einer Erleuchtung,
» durch die Seelenverwandtschaft mit Personen zur Regulierung von Geschehnissen aus der Vergangenheit,
» durch die geistige Energie,
» durch die einzige Weltenweisheit aus dem Makrokosmos,

- durch den Stoffwechsel als körperliches Energiesystem,
- durch eine höhere christliche Ordnung
- sowie durch die Begegnung mit dieser Schrift als Prinzip für das zukünftige Leben der beseelten Menschheit.

Corona löst bei den Menschen Angst aus. Angst kann archaisch Demut vor dem Kreuz freisetzen. Das Symbol des Kreuzes ist Tod und Leben zugleich. Der Tod ist Gewissheit, die Auferstehung nicht. Angst macht gefügig, schüttelt den Überfluss ab und schafft Leid. Leid schafft Energie. Energie schafft die Kraft, vor dem Kreuz die Hilfe Gottes zu empfinden. In der Corona-Zeit wird das Kreuz immer mehr als Mittler zwischen Gott und Mensch, und zwischen Mensch und Tod an Respekt gewinnen. Corona zeigt dem Menschen seine lächerliche Winzigkeit vor der Allmacht der Energie des Geistes. Die Angst vor Corona befindet sich noch in den Kinderschuhen. Die Menschen wähnen sich durch ihr synthetisches Machwerk in ihrer bisher gewohnten, mehr oder weniger erfolgreichen Selbstüberschätzung, bereits im Besitz eines Kampfmittels gegen das Virus. Gewaltige Feuerwerke zum Jahreswechsel in manchen Regionen (2020/2021) symbolisierten bereits den Sieg über die Pandemie und ließen die gewünschte Rückkehr zur „Normalität" andeuten. Die Globalisierung ist das Kind der Gewinn- und Erfolgsmaximierung. Auf denselben Zug ist das Virus aufgesprungen und rechnet mit denselben Erfolgschancen. Die Menschheit schafft durch ihre Wissenschaften Ursachen, deren Wirkung sie dann erfolglos zu bekämpfen versuchen. Corona zeigt, wie einfach die Ursache zu besiegen wäre und wie die Wirkung den gewünschten Erfolg anzeige. Das will der Mensch nicht, dass sich da ein Fremdling profilieren will. Die Fehlprodukte der Wissenschaften in ihren Errungenschaften rufen nach der Rückkehr zur Normalität und wollen sich, wie es scheint, selbst an den Haaren aus ihrer angerichteten Katastrophe herausziehen. Wir müssen die Umwelt wieder in Ordnung bringen, ohne die ewigen Mahnrufe tätig werden. Man lasse Corona segensreich über die Menschheit wirken, dann erholt sich auch die Umwelt zugunsten der Erde garantiert wieder.

Die Zweigeschlechtlichkeit des Menschen, die intimste Form des Gegensatzprinzips, wurde von der Schöpfung nach dem Sündenfall in das menschliche Denkgeschehen gelegt. Geben und Nehmen standen im Gleichgewicht von Mann und Frau. Die Evolution der vormenschheitsgeschichtlichen Ära schaffte einen mathematischen Gleichstand aus Gründen der effizienten Energiegestaltung für den Zähmungsprozess. Die Elternschaft zeigte ihrer Nachkommenschaft den richtigen Weg. Was geblieben ist nach der Abtrünnigkeit: die Gegensätze zwischen Mann und Frau; sie erlebten sich oft ungezähmt und dies wurde auch so an den Nachwuchs weitergegeben. Das Chaos der Menschheitsgeschichte nahm ihren Lauf. Der edle Gleichstand zwischen Mann und Frau zerbröckelte an ihren jeweiligen Gegensätzen. Der heutige Zustand findet keine Berechtigung in einer Gleichgesinntheit zwischen den Geschlechtern. Vom Geist unbelastete Lösungskonstruktionen über Gleichberechtigungsmodalitäten verlaufen sich verfolgt vom Nichtwissen der Wahrheit im Sand.

Das Kreuz ist die einzige geistgewirkte Form aus Materie, deren Energie eine göttliche Ausstrahlung bewirkt. Das Kreuz hat die Tragkraft zur Aufnahme einer zu Tode geschundenen Körperlichkeit, aus welcher ihr geistiger Partner die Auferstehung und Rückkehr zu Gott als mystische Wahrheit symbolisiert. Das Gebet benötigt das Kreuz als Mittler zu Gott. Das Gebet ist ein Gespräch mit Gott, wobei die geistige Organisation des Menschen, seine Seele, bei Gott eine empfindende Geborgenheit sucht und auch fühlbar erleben kann. Dieses empfindende Gefühl muss sich im bewussten Denken des Menschen einnisten, dann weiß er: „Gott ist Wahrheit." Wem diese Gnade nicht zuteilwird, hat zwei Möglichkeiten: Entweder sich als Seelenloser zu outen oder seine Übereinstimmung mit Gott über diese Lehre zu erwirken. Der geistige Gehalt dieses Werkes bringt den Zweifler über die Erkenntnis der Wahrheit zum Glauben. Das Gebet ist ein meditatives Empfinden, den Glauben an Gott in seiner Seele aufbauen zu lassen, um das Ergebnis dem Bewusstsein kredenzen zu können.

Gleichberechtigung ist die harmonische Einebnung des Geistes mit dem Körper.

Zum Thema Religion wäre der Begriff Gottesnähe anwendbar.

Die Suche nach Gott zeigte zu allen Zeiten bei allen beseelten Menschen einen inneren Drang, Gott näher zu kommen, ihn aber zugleich auch fürchten zu müssen.

Der Mensch entwickelte Gott-Gleichnis-Programme und projizierte diese auf alle möglichen stofflich, toten sowie lebenden Darstellungen seiner Wahl.

Im Hintergrund hatte der Mensch vor seinen stellvertretenden Auserwählten einen gefühlten inneren Respekt.

Die Ur-Schuld ließ sich in keiner Seele jemals ganz unterdrücken, es sei denn, es erfolgt ein Wechsel in das Lager der Seelenlosen. Dort gibt es grundsätzlich keinen Gottesrespekt.

Diese Sorte Mensch verinnerlichte in sich die Kraft der wilden Tiere als Symbol ihrer Macht. Durch ihre erhöhte Aufmachung – Gewandung, Siegel, Fahnen, Burgen, Schlösser und ein Heer Bewaffneter –, zusammen mit der vermeintlichen göttlichen Sendung ihres Körpers, schafften sie für sich ein vorübergehendes imperiales Lebensgefühl. Für ihre Gegner Leid, Schmerz und Tod.

Das Interessante an der Geschichte ist die schicksalhafte Gleichheitswirkung all dieser Vorkommnisse – bis zum heutigen Tag.

In diesen empfindungslosen Unbeseeltheiten regierten die ungezähmten, lodernden Flammen aller höllischen Gegensätze.

Die heutige Gesellschaft, ihre Politiker, sie alle plappern über die ohnehin nicht zu begreifenden Phrase „niemals wieder" und lassen ihre Jugend in den Schulen alle großen, massenhaften Schlachten der Menschheitsgeschichte exakt auswendig lernen. Das furchtbare daran, es fällt fast gar niemanden auf.

Empfindung bildet sich aus weit gestreuten Energien zukünftiger Geschehnisse. Energie eines Gefühls zeigt sich in Warnstufen. Die Sinne, welche in der Körperlichkeit des Menschen festgemacht sind, befassen sich mit Sehen, Hören, Riechen, Schmecken, Tasten. Das sind die Bereiche, welche die natürliche Aufzucht gleich wie bei Mensch und Tier erfordert, alles andere ist funktionelles Anlernen. Das Fühlen und Empfinden sind auch Sinne, aber nicht der Körperlichkeit zuordbar. Beide stehen in enger Verwandtschaft mit dem Begriff „Seele". Sie sind Signale aus der Mystik der geistigen Organisation des Menschen, aus seiner Seele. Je größer die Freiheit der Seele, umso mehr kann sie sich zum Wohl des gesamten Menschen ausspielen. Keine Seele, kein Empfinden. Irgendwann hat Gott Regelungen für das Zusammenleben der Menschen bekannt gegeben, das findet heute längst keine Anwendung mehr. Das satanisch intelligente Denkgebilde der Unbeseeltheit hat sich dieses Themas bemächtigt und ein Regelsystem in seinem Sinne geprägt. Jeder seelenlosen Macht ihr angepasstes Recht.

Betrachtung der chinesischen Religionsphilosophie

Konfuzius (551–479 v. Chr.) beschrieb die fünf klassischen Schriften der chinesischen Kultur aus der Zeit vor seinem Wirken. Göttliche Geistwesen, Ahnenkultur und Seelenkräfte beschäftigten den damaligen Menschen. Das konfuzianische große Werk fand in der Lehre „Die goldene Regel in der Moral" im Zusammenwirken der Menschen seinen Höhepunkt. Alle positiven Errungenschaften sollten im Gut der Menschen vom Fürsten bis zum kleinen Mann ihre Ordnung finden. Es waren reale Forderungen, welche aus sich selbst und nicht aus Anordnungen physischer, gottähnlicher Wesen stammten. Religion sowie ein Leben nach dem Tod als Thema hatten keinen besonderen Stellenwert. Disziplin von „unten nach oben" brachte in die patriarchalische Gesellschaftsform den Vorrang. Ein Gleichheitsprinzip im edlen Sinn. Nebst mehreren anderen Lehren sei die taoistische ins Licht gerückt. Die beiden Lebensgrundkräfte, einerseits die Kräfte des dunklen Yin und andererseits die Kräfte des lichten Yang erleben sich im Nichtausüben bzw. in der Zähmung ihrer Gegensätze. Der Idealfall im menschlichen Dasein. Das böse Yin tötet Jesus am Kreuz und macht das strahlende Yang als Seele des Jesus wieder sichtbar. Die brutalste Handlung in der Geschichte der Menschheit tötete und lebte zugleich sichtbar: „Das Leben hebt den Tod auf." Das neue China zerstörte die alten feudalwirtschaftlichen und religiösen Zwänge über zehn Jahre hinweg und erlebt sich in einer neuen, vom Marxismus geprägten Staatsform, in welcher alle Menschen wieder einem Gleichheitsprinzip unterstellt sind. Der Materialismus erhielt das Sagen, kluge Parteiköpfe holten sich später aus dem alten Religions- und Feudalfundus die Werte, welche in ihr diktatorisches Schema passten, und machten auch vor kapitalistischen Wirtschaftsformen mit Augenmaß nicht halt. Sie setzten dem Prinzip der Menschenrechte gleichermaßen auch die Menschenpflichten gegenüber, welche in der westlichen Welt in ihrer weichen Demokratie-Überbordung aus Angst, Wählergunst zu verlieren, vollkommen außer Kraft gesetzt wurde. Die

Partei zog die hintergründigen Werte der taoistischen und konfuzianischen Lehren in ihr Boot. Dieses chinesische Projekt funktionierte sogar in dem seit über einem Jahr andauernden Kampf gegen Corona. Es funktioniert wahrscheinlich auch für den Sieg als die größte Wirtschafts- und Militärmacht der Welt. Ein wunder Punkt dieses Gesellschaftssystems kann doch erkannt werden, man hat vollkommen auf Materie gesetzt, und die wird von der Unberechenbarkeit ungezähmter Gegensätze beherrscht.

Gedanken über die indische Philosophie in ihrer religiösen Vielfalt

- Veda: (Wissen)
- Upanishaden: philosophisches Denken, woher kommt das Leben, was geschieht nach dem Tod?
- Seelenwanderung: nach dem Sterben wieder zum Leben bis zur Erlösung.
- Zwei Körper: grobstofflich und Seele, Karma, das Wertmaß für die Letzten Dinge. Du kannst dich selbst nicht erkennen, weil du deine Seele nicht erkennst.
- Das Denken „Im-versenkt-Sein“ ist Erlösung von der Materie.
- Der Schöpfergott erschuf alles.
- Yoga: Das Zurückziehen des Denkens von Objekten löst das Denken auf. Kausalität beweist die Gegensätze, Vishnu als höchste Gottheit, die über alles regiert, teilt ihre Machtfülle mit weiteren Kleingöttern.

» Hinduismus: Die Summe aller religiösen Kulte ergibt ein nicht mehr überschaubares Wirrwarr an Lebensregeln für die Menschen.

Das geistige Wissen, welches die Schriften der Upanishaden vermitteln, beschäftigt sich mit den Grundfragen der Menschheit. Wer bringt das Leben in die Welt, wer führt nach dem Tod Regie? Innerhalb dieser zwei Fragen erlebt sich der Mensch als Hauptadressat und versucht mit seinen Gedanken in die Mystik des Abstrakten einzudringen. Schamanen, Häuptlinge, Priester mit ihren Ritualen versuchten diese Fragen zu deuten. Das Real-Vernünftige steht den überall tätigen, unsichtbaren Kräften der Geistwesen gegenüber. Alles kommt zu einer gewissen Verbundenheit mit allem. Als oberstes Gebot bleibt die Letzten Dinge zu ergründen und ihre Absolutheit zu erkennen. Zu viele Namen, Lehren, Spekulationen, Quellen, Schulen behandeln dasselbe Thema in unterschiedlichen Auffassungen. Die Wege zur Erlösung, das In-der-Welt-Stehen, das Weltgeschehen: Mittendrin der Mensch, welcher die vielen geistigen Wolkenkonstruktionen betrachtet und verzweifelt versucht, für sich das Alleinseligmachende zu finden. Zu deren Durchführung bieten sich viele, meist schwierige Pfade an. Ihre Mystik zeigt die unvorstellbar strahlende, schöne Welt Gottes als Erlösungsmythos im Ziel an. Sehr wenige erreichen dieses von allen ersehnte Ziel des Seins im Nirwana.

Hinter jeder Materie steht das Geistige, es reguliert deren Lebenszeit. Hinter jedem realen Gedanken steht der geistige Versuch, ihn zu beeinflussen. Hinter den körperlichen Sinnen und deren Verlangen steht die geistige Organisation des Menschen, seine Seele. Hinter den Gegensätzen der Materie steht die geistige Zähmungsenergie. Hinter dem Tod der Materie steht der Geist der Letzten Dinge. Die Lehre der Metaphysik sagt: Hinter dem Tod steht das Leben. Der Begriff Philosophie wäre damit ausdiskutiert.

Zwei philosophische Denkweisen, welche anfangs eine Gemeinsamkeit aufwiesen, sich aber in ihrer heutigen Darstellung konträr verhalten. Die eine, pragmatisch der Materie zugewandt, die andere, noch immer auf der Suche nach dem wahren Sinn des Lebens, mit immer schlechteren Mitteln. Dazwischen können sich alle anderen Philosophien mit ihren vor-variabeln Denkweisen und oft eigensinnig gebauten Luftgebäuden einreihen, welche alle eines nicht haben: Einen Mittelpunkt, denn den haben sie jeweils für sich selbst gebucht. Das jahrtausendelange Philosophieren hat den heutigen Zustand über das Denken und Handeln der Menschheit nicht positiv beeinflussen können. Der Philosophie haftet ein Mangel an, sie hat es verstanden, ohne ihr eigenes Leidenskleid, ihren eigenen Schmerz, ihre eigene Angst vor dem Tod, in ihrer kernlosen Gedankenwelt sich auszubreiten. Ein fundamentales Ereignis in der Geschichte der Menschheit stellt Religion und Philosophie in ihren Schatten. Das wahre Leid, der wahre Schmerz, der Tod und die Auferstehung in das wahre, andere Leben zeigte Gott den Menschen. Nicht einer aus der Vielheit der Pseudo-Götter hätte dieses mörderische Geschehen von Golgota über sich ergehen lassen, sie haben sich lieber an die Philosophie angebiedert. Die Chefs von Religionen haben sich auch gescheut, Leid, Schmerz und Tod auf sich zu nehmen, um einen wahren Mittelpunkt für die Menschen zu prägen. Dieser Gott aus Leid, Schmerz, Tod und Auferstehung führt jetzt Regie gegen alle Untugenden aus der Vergangenheit. Ein kleiner Giftzwerg namens Corona verändert die Geschichte der Menschheit gewaltig.

Der Begriff Denken ist ein geistiges Energie-Produkt, welches der Körperlichkeit des Tiermenschen in das materielle Konstrukt Gehirn eingewoben ist und in der Person Homo sapiens weitgehend gefördert wurde. Die Seele als geistige Organisation ist eine Empfangs- und Sendestation zur Weitergabe göttlicher Impulse an das denkerische Energie-Zentrum des Menschen, seinem Bewusstsein. Eine geistige Strahlungsenergie, Gott-Seele-Gehirn, ist der Mittelpunktgedanke des menschlichen Lebens.

Diese Strahlungsenergie erteilte dem Menschen, als das Maß aller Dinge, die Fähigkeit, die negativen Gegensätze, das Böse, das satanische Prinzip, zu zähmen. Die bei diesem Prozess entstehende Energie wurde zum positiven Antrieb für das kosmische Energiesystem gegen den negativen Stillstand eingesetzt. Ein Glied dieser genialen Kette zerbrach diesen großartigen Rhythmus. Der ideale Vorzeigemensch nach der Idee Gottes stand plötzlich als Abtrünniger auf Erden. Die Spaltung zwischen geistiger Seele und dem materiellen Denken war die Folge. Das tiermenschliche, von der geistigen Strahlung abgeschnittene Denken gewann die Oberhand und setzte die Seele unter dem Begriff „das Unbewusste" außer Gefecht. Übrig blieb der nur mehr

Teil-beseelte Mensch im Gegensatz zu dem auch noch in der Welt seienden, seelenlosen Tiermensch. Dem Begriff Denken ist durch diesen Vorgang das Prädikat Geist abhandengekommen, der Geist ist göttlicher Natur, und diese Verbindung ist eingestürzt. Jetzt steht er da, der nachparadiesische Mensch mit seinem Denkvermögen, ohne geistigen Nachschub. Der Zähmungsprozess des paradiesischen Menschen erlebte sich im Nahverhältnis zu Gott als Danksymbol einer Beweiskette für die Fähigkeit des Menschen, das Gute und das Böse in einem Maß der Mitte, als Energieprodukt für das Kosmische, zu präsentieren. Diese edle Aufgabe ist dem nachparadiesischen Menschen verloren gegangen. Das noch im Gehirn vorhandene Restgeistige vermischt mit der eingeborenen Denkenergie, hat bis in die letzten zehntausend Jahre dahingedämmert und dann sich langsam in einer eigenen Machbarkeitsstudie wiedergefunden. Der Trip zu einer Art Lebensverbesserung nahm seinen Anfang und verändert die bisherige Geschichte der Menschheit grundlegend. Die hemmungslosen Gegensätze erwachten aus ihrem Jahrtausend-Tiefschlaf, klimatische und geologische Umwälzungen brachten vorher die damalige Menschheit ohnehin ständig an ihre Überlebensgrenzen. Das intelligente Denken entwickelte sich in der biologischen Nachkommenschaft des Homo sapiens. Ein Vorgang, welcher sich im Gehirn durch immer konzentrierteres, sich vernetzendes Nachdenken über die Sinnhaftigkeit von Prozessen ergab. Zwei Denkprozesse schafften es zum Überleben. Der eine zeichnete sich verantwortlich für den Bereich Ökonomie, der Verbesserung für

Nahrungsbeschaffung sowie die der Wohnverhältnisse und den sonstigen materiellen Bereich. Der andere erlebte eine Befreiung von körperlicher Schwerarbeit und bündelte sein reales Denken mit der seiner restgeistigen Energie und beginnt die Vorherrschaft über das Erstgenannte zu üben.

Dem arbeitenden Volk wurden Angstmechanismen popularisiert, von denen sie sagten, sie könnten mit aller Art Geistern in Verbindung kommen. Schamanen, Priester und Co. erfanden sich selbst, um Macht anzukurbeln. Das Göttliche, nicht mehr allmächtig seiende Prinzip, trat in die menschliche Arena. Das Restgeistige erlebt sich in seiner denkerischen Komprimierung in einem Circulus-vitiosus-System durch das Fehlen eines kosmisch geistigen Nachschubes. In diesem endlos scheinenden Kreislauf tummelte sich alles, was Anspruch auf das Geistig-sein-Wollen stellte. Von der Hellseherei bis zu den mental unterstützenden körperlichen Höchstleistungen. Von Heilern bis zu todesverachtende, körperliche Produktionen und von der Astrologie bis zu den vielen Wissenschaften. Sie alle setzen sich mehr oder weniger die Krone des Geistigen auf ihr Produkt. Niemand mochte allein durch seinen festen Glauben dieses System im Denken durchbrechen.

Wenn man die Zukunft aus diesem Status seit Adam und Eva aufrollen wollte, wäre dieser Vorgang ein provokantes Querdenken gegenüber der bekannten Menschheitsgeschichte. Zukunftsforschung kann nur aus dem Wissen der wahren Vergangenheit aufgebaut werden, dazu müsste das Kausalgesetz bis zu dessen Einführung zurückverfolgt sein und zugleich das „Warum-Siegel“ von dem, der es verschlossen hat, geöffnet werden. Das ist Sache Gottes, damit stehen wir am Beginn eines abstrakten Geschehens ohne menschliche Beteiligung. Der Mensch ist dabei nur derjenige, der ohne Wissen um die Ursache die Wirkung erlebt. Es ist die Aufgabe dieser Schrift, dieses Wissen zu vermitteln.

Im ersten Korintherbrief des Apostel Paulus, die Auferstehung der Toten betreffend, wird mit einer umwerfenden Logik die Zweiheit des Menschen erklärt. Auf der einen Seite der sterbliche Körper aus Materie mit den Sinnen und seinem realen Denkvermögen und die diesem zugewiesene, unsterbliche geistige Organisation, alias das zweite Ich, alias Seele, als versenktes Unbewusstes auf der anderen Seite. Paulus erklärte den Menschen vor zweitausend Jahren deren Unsterblichkeit, nicht der des Körpers, sondern eben der des geistigen Anteils – der Seele. Er erklärte den Tod und die darauffolgende Auferstehung Jesus. Die eine Seite, die Materie, hat ihr Leben beendet und erlebt sich in das Nichts zurück. Die andere Seite, die, welche sich in der Materie Körper nur auf dessen Lebenszeit einmietete, ging auch ihren Weg, dorthin, wo sie zu Hause ist, in den Himmel zu Gott, als Engel im Ewigen.

Doch warum das so ist, blieb Paulus den Menschen schuldig. Das war auch nicht das Thema, der gläubige Mensch empfand hier die Logik des Glaubens und des Vertrauens zum Prediger. Der von der Seele verlassene Mensch allerdings konnte dieser Mystik nichts abgewinnen. Dass sich in dem letzten Jahrhundert die Gläubigen dezimierten und heute nur mehr eine Minderheit darstellen, hat mehrere Ursachen. Den nachfolgenden Predigern, Päpsten, Missionaren fehlte einfach der Glaube zum eigenen Glauben, sie glaubten nur an den eigenen Populismus ihres der Materie unterliegenden Denkens und degradierten das mystische Geschehen von Golgota zu einer Sache. Paulus war im Leid eine Überzeugungskraft und schaffte damit das Glaubensfundament. Seine Nachfolger lehnten das Leid ab und belogen sich selbst in ihrem Glaubensverständnis, motivierten ihr Wohlergehen mit Glaubensanordnungen an die Gläubigen.

Das Zeitalter der Technik versprach den Menschen eine bessere Zukunft, das Missmanagement der Kirche wurde immer mehr ersichtlich, die Menschen gebaren für sich einen neuen Gott, die Wissenschaft und ihr Selbstbewusstsein. Eine Auferstehung nach dem Tod verlor sich im Wettbewerb der Verschönerung von Gräbern, Mausoleen und sonstigen pompösen Gedenkstätten. Die alten, seelenhaften religiösen Feiertage verkamen zur lustigen Oberflächlichkeit und nahmen das Wissen über den Tod mit sich.

Die kosmische Welt ist eine von geistigen Lichtstrahlen durchflutete Energie-Einheit, aus welcher sich alle Bewegungen in einem polarisierungslosen Verbund von nicht abtrünnig gewordenen Engelscharen harmonisch zueinander und wieder auseinander vereinen. Ein unvorstellbares, riesiges, einzelliges, konfliktfreies Energiefeld, in dem sich alles selbst zeugt und organisiert. Ein abstraktes Gebilde, das sich ohne Gegensätzlichkeit in einem eigenen Bewegungsrhythmus erlebt. Ein ewiges pluspoliges Empfindungserleben zeigt es als Paradies an. Ein Problem besteht, die Bewegungsabläufe müssen von

Zeit zu Zeit aus einem ausgelagerten System gezähmte Gegensatzimpulse erhalten. Das zuletzt in dieser Hinsicht in Auftrag gegebenen Gegensatz-Zähmungsprojekt unter dem Code „Materie Mensch“ begleitete eine Panne. Andere Engeln bildeten eine verbotene Koexistenz mit dem Gegensatz-System Materie. Die Präsenz des Abstrakten verlegte die Energiegewinnung der ausfallenden disziplinären Form in das einer produktiven Leidensorganisation und erhielt durch den Verlust der Hauptvariante reichlich Ersatz. Es will ihr ausgelagertes Hilfswerk wieder zurückführen, wenn da nicht noch verirrte, verwirrte, negativ besetzte Abtrünnige sinnlos in ihrer Geschichte umherschwirren würden. Ein Wiedereinbürgerungsprozess dieser Abtrünnigen steht laut dem Plan Gottes am Beginn, gleichzeitig löst sich die Scheinwelt der Menschen langsam auf. Ihre Hauptprotagonisten, der beseelte Mensch sowie der Seelenlose, werden ihrer Bestimmung nach zugewiesen. Der Vorhang über das Drama Menschheit wird fallen.

Der Aufbau einer neuen Gesellschaftsform für Beseelte nach dem Exodus der Seelenlosen ergibt ein neues Arbeitsfeld unter dem Beistand der kosmischen Welt. Der Status des Menschen nach der Idee Gottes muss wieder, allerdings auf einem dezimierten Gesellschaftsniveau, neu erobert werden. Ein Rückschritt für den Fortschritt. Diese Hürde muss jeder Mensch für sich allein überwinden. Die geistige Organisation, also die menschliche Seele, der gefallene Engel, muss wieder die Beziehung zu seiner materiellen Körperlichkeit zweckentsprechend eingehen. Den Zweck bildet die Gemeinsamkeit in der Zähmung der Gegensätze, wie vor Adam und Eva. Das Dreieinigkeitsprinzip Gott-Seele-Körper, als Sinnbild für das Auge Gottes, muss in der Seele der Menschen als die Mittelpunkt-Vision wieder präsent werden.

Die Welt nach der Corona-Pandemie wird eine harmonische Gesellschaft sein, die durch andere Lebensformen gekennzeichnet sein wird. Die folgenden Generationen werden in Einklang miteinander leben. Die Wirkung der Schrift wird eine konkret anschauliche Fülle an Beweisen von empirischer Realität bringen. Geistige Organisationen der Menschen bilden einen Verkehr miteinander und liefern den Beweis ihrer Existenz. Die Darstellung der Lehre fußt nicht auf Wissenschaftsgläubigkeit, sondern auf den Gehalt ihrer Unabhängigkeit. Der Impuls zum Schreiben beruht auf der Genialität der Gedanken Gottes. Veränderte Lebensformen befolgen das Denken der Seelen über das Geschriebene. Die menschliche Seele ist der Garant für Zukunft, sie ist unsterblich. Der Mensch hat das Ziel, in der Zukunft seine Lebensform durch geniales Denken zu ändern. Die Wurzel dazu findet sich in dieser Schrift.

Dem Urknall wurde ein Zeitbegriff mitgegeben, wann die schwarzen Löcher die Materie wieder in ihre Auflösung führen werden. Der Mechanismus Zeit zeigte auf null, keine Reaktion trotz des Zeitablaufes, dem Ende des Geplanten. Eine Panne in der Organisation. Die vorgesehene Aufgabe der seelisch-materiellen Einheit Mensch erschafft sich im vorgesehenen Zeitfenster nicht. Die Zeit stand still am Beginn des Weltengeschehens, ein messbares Ende nicht in Sicht. Die Zeit geriet in die Fänge des Schicksalhaften, dem Unvorhersehbaren. Für die Zeit als Exaktheit eine Katastrophe. Das Schicksalhafte beherrschte die Gegensätze und vereinnahmte die Zeit für ihre nicht messbaren, unvorhersehbaren Aktionen. Die Seele sah sich wirkungslos im menschlichen Bewusstsein und befreundete sich mit der Zeit. Beide hatten das gleiche Interesse, den Menschen zu seiner Aufgabe motivieren. Die Seele über die Moralität, die Zeit über die Fertigstellung des Auftrages. Beide, die Zeit und die Seele, wenden ihren Blick zurück zum Beginn der Panne und bemühen sich nun um eine endgültige Fertigstellung. Die Zeit, indem sie einen Rahmen setzt, die Seele, indem sie zu Gott zurückkehrt.

Meditation fixiert das Bewusste und bestimmt seine Zugehörigkeit zum Unbewussten.

Der Vorgang einer Meditation hat ihre Wurzeln in der Seele sowie im Randalieren des Bewussten.

Die Seele muss dem Bewusstsein ihre Existenz erst beweisen.

Eine Umschulung für geistdurchwirkte kirchliche Persönlichkeiten muss erfolgen.

Die Angst vor dem Sterben ist im Überlebenskampf-Code von Flora und Fauna gleichermaßen enthalten. Er verhinderte den Aussterbeprozess in den wilden Zeiten der Ur-Gegensätzlichkeit.

Das Studium dieser Schrift kann nicht aus der realen Denkformation, sondern nur aus der Seelenorganisation in Verbindung mit dem Empfinden einer göttlichen Eingebung geschehen.

Das allgemeine Denken eines Menschen war und ist noch immer auf das Fressen, der Befriedigung seiner sexuellen Bedürfnisse sowie auf sein körperliches Wohlsein und durch zusätzliche Machtausübung fokussiert. Wenn eines dieser drei Grundbedürfnisse gestört wird, entsteht ein Gegensatz als Störer, und damit der Wunsch diesen zu beseitigen. Funktioniert das nicht, weil die Störung zu mächtig erscheint, wie Naturkatastrophen, Seuchen, wilde Tiere usw., kommt aufgrund der Ohnmacht des Menschen das Flehen und Bitten um Hilfe ins Spiel. Um den Bitten ein bisher nicht vorhandenes Gegenüber zu statuieren, denkt der Mensch sehr logisch an eine Kraft, die viel stärker sein muss als er selbst. Er stellt gedanklich diesem unbeherrschbaren Phänomen eine Art „seinesgleichen“, nur eben als allwissende Macht, nebst Symbolen und Riten, entgegen. Sollten die verschiedenen Bitten und Versprechungen fruchten, dann erfolgt eine überschwängliche Danksagung dafür, dass die drei Zufriedenheitsfaktoren wieder greifen. Wenn nicht, ist man eben ein schicksalhafter Kollateralschaden geworden. Erst durch die Beigabe eines Engels in den Menschen in der Art einer geistigen Organisation sollte diese ein Gegensatzprinzip zu den drei Zufriedenheitsfaktoren bilden. Die Zufriedenheit ist keine Selbstverständlichkeit. Erst die Zähmung dieser drei Faktoren ermöglicht den disziplinierten Harmoniemenschen aus der göttlichen Werkstätte der Homo sapiens für eine neue schöne Empfindungswelt.

Der kurzen paradiesischen Ära machte bald der eben beschriebene Mensch ein Ende. Der Grund des Rückfalls ist bekannt. Die Menschheitsgeschichte warf ihre dunklen, beängstigenden Schatten voraus. Die drei Befriedungskomponenten wurden zum höchsten Symbol erhoben. Hoch leben die körperlichen Sinne samt ihren sich ausbreitenden, furchtbaren Exzessen. So ziemlich alle Tätigkeiten, auch die der Künste, werden dem Sinnesgenuss zum Fraß vorgeworfen. Über Fragen zum Jenseits, Glaube, Disziplin, Krankheit, Tod und Gott schlägt die Sinneslust einen riesigen Bogen in ihrem Denken.

Die Energie für das geistige Denken stammte ursprünglich aus der göttlichen Seele, um die körperlichen Begierden in der Welt zu disziplinieren. Der Absturz in die Menschheitsgeschichte dezimierte das geistige Denken. Die heute am stärksten verbreitete menschliche Machart ist die der seelenlosen sowie der teilbeseelten. Der Mensch steht sich seiner Beseelt- oder Nichtbeseeltheit selbst vollkommen ahnungslos gegenüber. Das Adjektiv „seelenverwandt“ lässt sich öfters hören. Insofern als dieser nicht dem schicksalhaften Zufallsprinzip angehört, stammt er aus der karmischen Gesetzlichkeit. Hier handelt es sich um eine tatsächliche Verwandtschaft mit einer unterschiedlichen Graduierung, aber auf alle Fälle mit einer Gemeinsamkeit, wo der eigene Mittelpunkt in Richtung Gott ausgelagert war. Mit diesem Wissen können Sie sich selbst und ihren Partner testen. Es funktioniert nur dann, wenn eine Gesprächsbasis zwischen ihren realen Gedanken und ihrer von Gott geborgten Seele besteht. Diese Kommunikation zu erreichen, ist die Aufgabe eines jeden beseelten Menschen für seinen Ausstieg aus dem Rad der Wiedergeburt. Das schwierigste Studium dieser Welt ist ein Nichts gegen das leidvolle Sammeln unbequemer Erlebnisse zur Prägung des Lebenspasses für den Austritt aus dem letzten Leben.

Die Energie für das Denken stammt aus einer geistigen Wurzel als Überbleibsel aus der paradiesischen Ära und kann für den intelligenten Gebrauch benutzt werden. Das intelligente Denken befasst sich mit allen körperlichen Fähigkeiten, um diese unter seine Kontrolle zu bringen. Intelligenz ist eine Triebkraft, materielle Werte zu schaffen, Macht zu gründen und zu gebrauchen. Als Sammelbegriff erscheint das Wort „Gier“.

Religionsgeschichtlich bedeutende Vorgänge im Christentum stehen im Zusammenhang mit der Astronomie. Weihnacht, die Geburt Jesus, der Stern von Bethlehem, Ostern, der Lichtstrahl der Auferstehung wurden sichtbar angezeigt. Der Glaube der beseelten Menschen heilt sie von den Wunden der Corona-Pandemie. Nicht abzusehen ist, wie der Herr weiterhin vorgehen wird.

Das neue Priestertum entsteht aus dem vorhandenen Bestand der katholischen Kirche mit beseelter Prägung, angeglichen an die Wahrheiten aus dieser Schrift. Der Nebel über die Funktion des Teufels als Täter lichtet sich zum Umkehrschluss zugunsten Gottes. Die Täterschaft über Kriege, Seuchen, Naturkatastrophen sind nicht dem satanischen Prinzip, sondern Gott anzulasten. All diese Geschehnisse dienten ihm immer schon für eine Bereinigung der vorangegangenen Geschehnisse. Die Wiedergeburt der im Strudel dieser Ereignisse Mitgerissenen, diente als deren Entschädigung.

Gott beweist den Menschen in dieser Schrift seine Existenz.

Freude empfinden können, ist ein rein seelischer Vorgang.

Ein seelenloses menschliches Wesen hat keinen Empfang für Freude, es prüft höchstens dessen Wert zur Umsetzung einer Vorteilhaftigkeit.

Leid erfährt sich aus dem Wehtun der Seele, Schmerz aus dem Wehtun des Körpers.

Der körperliche Schmerz eines seelenlosen Wesens lässt sich durch die Kraft seines Willens abschwächen.

Wenn sich zum furchtbarem körperlichen Schmerz noch das Empfinden der Verlassenheit von Gott als Leid dazugesellt, dann ist Jesus am Kreuz das mächtigste Vorzeigegeschehen in der Geschichte für das zweifache Elend.

Seelenlose sind auch ohne Charakter.

Die Logik des Abstrakten ist das Wissen von der Wahrheit der Geschichte der Menschheit. Quellen dieses Wissens sind das Alte und Neue Testament sowie die vorliegende Schrift.

Das Erkennen abstrakter Logik für die reale Menschheit ist das geistige Gegenstück zum materiellen Urknall.

Geist ist die Energie aus der abstrakten Welt.

Die Wiedergeburt ist das Markenzeichen des beseelten Menschen seit dem Beginn der Menschheitsgeschichte. Der Mensch vor dieser Geschichte benötigte keine Wiedergeburt. Erst der Sündenfall brachte die Geschichte der Menschheit in Bewegung.

Neue Ideen wirken auf den Neubeginn eines Schulsystems. Die Freiheit der Jugend ist in ihrem Verlangen gleichbedeutend mit dem Sich-austoben-Können der Jungtiere im freien Gelände. Die Aufsicht der Muttertiere ist nirgends, jedoch überall. „Abgegebene" Jungtiere, entwickeln sich anders. Junge abgegebene Menschen auch. Junge Menschen mit beseelten Eltern erleben sich am besten. Am Land gleicht sich die Freiheit der Jungen an die Natur an. In den Städten fehlt diese Natur. Es fehlt das Lebensmuster einer Natürlichkeit. Asphalt und Beton beinhalten keinerlei lebende Vorbildwirkung. Die naturlose Konzentration von Menschenmassen in ihren machtgeilen Veranlagungen ist das Pflaster für Seelenlose. Sie zeigen auf ihre Art ihre Lebenseinstellung durch Schaffung gewaltiger Bauwerke. Sie wollen ihren Ewigkeitswert mit zu verrottender Stofflichkeit machtbewusst präsentieren, um es fallweise von Gleichgesinnten gegenseitig wieder zerstören zu lassen. Die wahre Freiheit ist ein geistiges, kein körperliches Gut, es findet sich nur in der Empfindungswelt des Abstrakten. Alles andere unterliegt der Willkür des Schicksals oder der Einwirkung aus der karmischen Küche.

Das Erziehen der Nachkommenschaft in dem Original-Menschsein bzw. der paradiesischer Ära erfolgte im Nachahmungsmodus in einer Gesellschaft, in welcher alle Generationen eine Seelenverwandtschaft untereinander haben und die Verwandtschaft mit Gott durch ihre Beseeltheit nachweisen konnten. Es war die Wurzel ihrer Tätigkeiten, Harmoniezerstörendes auszutragen. Niemand empfand sich erhöht, Gott empfahl sich als das Mittelpunktdenken aller Menschen. Ein einziges Mal eine Zähmung des minuspoligen Kraftaktes vernachlässigt, führte dies über eine Disharmonie zweier Kontrahenten immer mehr in eine Dualität, hin bis zur offenen Gegensätzlichkeit. Dann, wenn die Zähmungskräfte nicht mehr gewillt sind zuzupacken, dann, wenn der pluspolige Partner von einer Neugierde befallen wird, welche ihm ein Selbst-Mittelpunkt-Sein vorgaukelt und ihn dabei als geistiger Herrscher über die Materie sein lässt. Ob Gott, als Vertreter der Welten, bei seiner harmonischen Anordnung des Urknalls wusste, dass er mit der zu schaffenden Materie auch einen Gegner mitgeliefert bekam, ist mit nein zu beantworten, sonst hätte er auf seine Engel besser aufgepasst, und die Geschichte der Menschen wäre erspart geblieben.

Diese Schrift-Lehre als Verbindung von Mensch zu Gott ist keine abstrakte Annahme, sondern ihre Logik. Der Beweis ist die Stimme des Herrn, welche als intuitive Nachricht in der Auswahl von Worten, aus angezeigten Schriftformen und als im Gespräch kreisend, wirkende Anweisungen in einer geistgewirkten Denkenergie eines Menschen, aufgenommen und schriftlich dokumentiert wurde. Fragen sind Wurzeln des Wissens, Antworten aus der abstrakten Welt bezeugen das Wissen über die Wahrheit der Geschichte von den Menschen, die Rückführung ihrer Seelen zu Gott sowie die Führung der Seelenlosen aus ihren Leben.

Der Beweis Gottes erlebt sich nur als unvorstellbare, ungeahnte Art und Weise. Es bieten sich zwei Arten von Erklärungen an: die von Gott und die aus dem Erleben mit ihm. Gott hat Vorrang. Er suchte ein menschliches Medium, das imstande ist, die sich seit zweitausend Jahren zum totalen Chaos entwickelte Menschheit und deren Wahrheit mit seiner Hilfe zu hinterfragen und aufzuschreiben. Gott bediente sich der kampferfahrenen Seele des vor knapp 500 Jahre lebenden, geistdurchwirkten Philosophen Paracelsus und belebte eine in die Welt gekommene Körperlichkeit eben mit dieser Seele in ihrer Wiedergeburt.

Gefordert waren für diesen Auftrag Kampf und Leidensbereitschaft sowie die nie infrage zu stellende Welt Gottes. Die intensivste, prägende Gestalt der Wahrheit über die Menschheit erlebte sich in den vergangenen letzten zehn Jahren. Das Wissen über die Zukunft der Menschheit ist die Wurzel einer Mission. Es bilden sich neue Konstellationen in Verbindung mit dem Aufbau einer neuen Welt. Eine Denkorganisation regt sich darüber auf, dass die Seele sie für geistiges Schreiben lediglich benützt und ihr das geistige Denken vorenthält. Das ist der Beginn einer Partnerschaft zwischen dem Empfinden einer Seele und dem eines Gedankens. Es ist die Geburtsstunde eines Wissens über das geistige Denken und beendet die lebenslangen Turbulenzen zwischen der Seele und ihrem Körper.

Der Tod beendet den Kreislauf des Lebens der Menschen dann, wenn die Wiedergeburt vom positiven Karma des letzten Menschen gestoppt wird; dann endet auch das Leben der Materie, des Universums sowie das für die Verspätung verantwortliche teuflische System.

Religiosität findet in der Nähe Gottes statt.

Der Mittelpunkt seines selbst ist das Falsche.

Gott stellt das Prinzip der Wahrheit in das Geistige.

Der beseelte Mensch lernt durch den Corona-Prozess seine Begierden zu zähmen. Von Gott gesteuerte Prozesse beginnen aktuell zu werden.

Die Angst vor dem Sterben verkörpert eine automatisch wirkende Kraft: Die Vergeltung Gottes an die Abtrünnigkeit.

Aus Lehm gebrannt, das Sinnbild des Christentums zur Verinnerlichung des Geschehens von Golgota, und zur Deutung der Wahrheit über sich selbst, ist die Form des Kreuzes.

Die Nachfolge der Bibel ist die Zusammenfassung all ihrer Aussagen als Grundlage für ein Werk aus der Sicht der göttlichen Welt.

Die Begegnung mit dem Geistigen ist ein abstrakter Vorgang. Geistiges Denken ist Berührung mit dem kosmischen Wissen.

Das Programmieren einer neuen Entwicklung für das menschliche Leben ist kosmische Arbeit.

Ein Prozess des Lebens erfordert die Befreiung des Menschen aus seiner Selbstisolation.

Das System eines anderen Weltbildes wäre eine fiktive Vision über die Menschheitsgeschichte im Sinn und Bedeutung ihrer umgedrehten Anordnung aus der abstrakten Sichtweise.

Der Aufstieg des Seins zur Lebensfähigkeit mit einer überregionalen, abstrakten Macht ist nur über die Mystik des Kreuzes erreichbar. Das Irdische bewertet das Jenseitige als Vision, die Philosophie als Traumwelt, die Kirche als das Erkennen Gottes unter ihrer Obhut, die Psychologie als Andersheit der Philosophie, die Mathematik als Ausstrahlung und Quantifizierung durch das Phänomen Pythagoras, die Metaphysik als Unterscheidung der Materie von Geist.

Der Verstand eines Individuums in der Gegenwart ist gleich einer Sammlung von Wahrnehmungen.

Die Seelenverwandtschaft macht einen großen Unterschied zur biologischen; sie ist frei von den materiellen Eigenschaften aus dem Erbgut.

Die Definition der Ewigkeit ist eine Überschreitung des Zeitbegriffes.

Das Prinzip „Tradition“ ist eine Unterschreitung von Dynamik.

Die Sympathie zwischen Menschen erlebt sich meist im Aus- und Ansehen, welche die jeweiligen Sinne vorgeben, und ist ein Abtasten von körperlichen Äußerlichkeiten im Verbund mit gleichen Interessen und Meinungen. Wenn Erotik noch mitmischen kann, ist die falsche Seelenverwandtschaft auch gleich zur Stelle.

„Was Gott verbindet, sollte der Mensch nicht trennen“, sagt der Pfarrer und verbindet die „Zwei“ mit Gott, er benützt damit den Namen Gottes als seinem Dienstleister.

Nicht der Mensch, sondern allein Gott verleiht eine Seelenverwandtschaft an besonders wertvolle Menschen, denn er ist selbst Teilhaber an dieser Verwandtschaft.

Nur der beseelte Mensch erlebt sich in dieser wundersamen Partnerschaft als glücklich.

Das System einer Hochschulbildung bedingt eine Krise im Denken für das Wesentliche im menschlichen Leben.

Das Kreuz dient als Metapher für die Geltung Gottes, die Verinnerlichung des Geschehens von Golgota, der Abwehr dämonischer Kräfte sowie der Wahrheit über sich selbst.

Die wahre Ausstrahlung eines Menschen bestimmt die Energie seines Karmas.

Das Leben zwingt den Menschen bei seinem Tod, sich selbst zu begegnen.

Die geistige Bildung entwickelt eine Beziehung zu Gott.

Das Kreuz wird der Mittelpunkt des Erkennens vom Sinn des menschlichen Lebens.

Die Mystik der Seele ist die Verwandtschaft mit Gott.

Die Corona-Pandemie erkennt ihre Opfer auch in kirchlichen Institutionen.

Der Begriff Seele wird seit unendlichen Zeiten als etwas Spirituelles, das Herz als verwandtes Organ gedacht. Seelisches Leid und Freude werden physisch im Bereich des Herzens irrational empfunden; ein medizinisch erklärbarer, normaler Vorgang wird hier als vergeistigte Wahrnehmung hochstilisiert.

Das materielle Organ Herz, in seiner Form nachgebildet, wird als das Symbol der Liebe sowie des Leides im materiellen Körper des Jesus gehandelt.

Die Seele hat mit dem körperlichen Herz keinerlei Verwandtschaftsgrad.

Die Seele ist, wenn man den symbolisch engelhaften Flügel-Körper entkleidet, ident mit dem Engel als Bote Gottes im Menschen aus der kosmischen Welt und steht für den geistigen Anteil an höchster Stelle.

Die heutige Psychologie ist durch ihre Verwissenschaftlichung ein Widerspruch zur empfindenden Seelenverwandtschaft.

Seelenverwandtschaft unter beseelten Menschen vererbt positive Eigenschaften und das Mittelpunktdenken zu Gott.

Gemischte Verwandtschaften vererbt je nach ihrer Graduierung Vielseitigkeit, hier haben die Erben die Qual der Wahl. Blut hat jedenfalls keinerlei Beeinflussung auf charakterliche Eigenschaften.

Stammbäume zeigen Ähnlichkeiten und beschreiben Eigenschaften, sind aber nicht geeignet für seelische Ausdrücke.

Ein Engel ist vergeistigte Energie.

Die Psychologie ist eine Negation zur geistigen Organisation.

Die Art der Bildung zeigt das vorhandene Weltbild im Menschen.

Die Weltenweisheit ist eine abstrakte Mystik.

Die sozialen Errungenschaften schleppen die Massen der Seelenlosen mit sich.

Der Grad des Karmas ist ident mit dem Grad der Beseeltheit, beide reagieren sehr sensibel auf Tätigkeiten des Bewussten.

Dem seelenlosen Menschen fehlt sein Unbewusstes.

Ein junges Krokodil, ein Menschenkind, beide seelenlos, haben eines gemeinsam: ein liebliches, schützenswertes Aussehen. Erwachsen begegnet man ihnen besser nicht. Liebliche Menschenkinder- und Krokodilkinderaugen geben in ihrer seelenlosen Art keine Auskunft über ihre spätere Grausamkeit.

Die abstrakte Darstellung einer Meinung kommt aus der Meditation.

Das Lustempfinden eines beseelten Menschen steht im Verbund mit einer geistigen Gleichheit eines Partners sowie der gemeinsamen Empfindung, beseeltes Leben in einem Liebesakt zu zeugen. Heute fehlen meistens die Partnerschaften sowie eine lebenswerte geistige Infrastruktur für ein beseeltes Leben.

Die Wissenschaft hat eine Partnerschaft mit Interesse für Reales als Merkmal; zu abstrakten Verwandtschaften pflegt sie keine Beziehung. Ihr Mittelpunktdasein lebt als Grundlage ihres Denkens. Die Begegnung mit ihrer Umgebung zeigt einen Ausschnitt ihrer Andersheit. Ihr Verhältnis zur Philosophie ist nicht bestehend, zur Religion kritisch, zu sich selbst glorifizierend. Sie lehrt das Konkrete und verschmäht das Abstrakte als Ungleichwertiges.

Der heutige Mensch steht durch die Auflösung der teuflischen Machtverhältnisse vor einem auf ihn zukommenden Prozess.

Die Bedeutung dieses Prozesses ist bereits vor viertausend Jahren als Vorschau in Malachias 3/13 und 4/1 sowie ursprünglich in Zacharias 14/12 geprägt worden.

Die heutige Negation gegenüber dem Mittelpunkt Gottes wird Vergangenheit durch das Weglassen der seelenlosen Menschheit.

Der Dämon als Hilfskraft des Teufels, der Engel als dieselbe Gottes, ihre Opfer, der Mensch. Der Glaube, die Hilfskraft des Menschen, der Apostel, die Hilfskraft des Glaubens. Die Empfindung die Hilfskraft für zu Geschehendes. Ein Geschehnis die Hilfskraft des Todes. Der Tod, die Hilfskraft des Lebens.

Das Geschehen nach der vieltausendjährigen Partnerschaft Gott-Teufel besteht in der Aufarbeitung des satanischen, geistlosen, verdorbenen Gerümpels auf Erden sowie dem starken Willen der beseelten Menschheit, äußere und innere Ordnung zu schaffen. Gott hilft nur dem, der seine Bereitschaft am Aufbau einer Gesellschaft, im Sinne des geistigen Empfindens der Menschen, in der ehemaligen paradiesischen Ära unter Beweis stellt.

Jesus von Nazaret wurde als Kind von Josef und Maria biologisch normal in die Welt geboren. Der unbekannte große Geist, als Vater gehandelt, war nicht Gott, sondern die überbordende morgenländische Fantasie. Jesus musste als Sohn Gottes, einer Geist-Geburt entsprungen, zugeordnet sein. Diese Vision erhielt im Volk einen besseren Anklang zum späteren Geschehen. Dass der kleine Jesus von Gott erleuchtet und seine Geschichte bis Golgota als Wahrheit erlebt wurde, ist im Neuen Testament geprägt.

Das Ende des Lebens eines Menschen berichtet von einem Prozess der Seele gegenüber einer mysteriösen Macht.

In der Religion fehlt tatsächlich der Satan als Partner Gottes.

Die Trinitätslehre der Kirchen – Vater, Sohn, Heiliger Geist – galt immer schon als umstritten, vor allem was die Rolle des Sohnes und fallweise auch die seiner Mutter betreffen. Es wurde dogmatisch gelöst.

Die Wahrheit entheiligt den Sohn und belässt ihn in der Rolle des großartigen Menschen, in welchen sich sein geistiger Vater, Gott, inkarnierte. Die Mutter erlebt sich nicht als Mutter Gottes, sondern, leidgeprüft, als Mutter ihres Sohnes, der sich Gott zuliebe an das Kreuz schlagen ließ, um der beseelten Menschheit den Aufstieg seines Geistkörpers zu symbolisieren.

Die Macht Gottes über das teuflische System, das menschliche Wissen über die Andersheit im Sinne des ewig bestehenden Weltbildes sowie die geistige Energie der über allem stehende Weltenweisheit bringt den beseelten Menschen in seine Ur-Heimat zurück.

Der Vater der beseelten Menschheit ist die Institution des Lebens, des Glaubens sowie des Sterbens. Die Mystik der Deutung eines Mittelpunktes ist die Begegnung mit sich selbst. Der Sinn der Ewigkeit ist das System der Revolution gegen ein Ende mit Ausnahme dieser Science-Fiction-Menschheitsgeschichte.

Die Begegnung der Seele mit der Denkorganisation verbindet zwei Welten, die Geistige mit der Realen.

Der Beginn einer Verwandtschaft unter den Menschen erlebte sich als schicksalhafte Beziehung zu anderen Gruppen.

Die Beziehung zu einer Verwandtschaft erlebt sich biologisch wie bei den Tieren.

Die Wissenschaft ist steril und erlebt sich in keiner Ausstrahlung.

Eine Revolution entwickelt Chaos.

Die Zweideutigkeit des Sinns des menschlichen Lebens gehört, systematisch analysiert, in das Reale, in das Empfundene, in das Wissenschaftliche und in das Geistige.

Der Wille entwickelt das Interesse, der Trieb das Verlangen.

Die Entwicklung des Seins wird von der Forschung nicht mit einem „Wie“, sondern einem „Warum“ befragt.

Eine geistige Kraft gründete die Struktur einer Form von halben Bewegungen einerseits und die aktive Abfolge von Gegenbewegungen des Begriffes Elastizität andererseits. Gestalt und Größe erinnert an eine Riesenkartoffel in verdichteter Form aus komprimierter Energie, welche sich in milliardenfachen Kleinexplosionen als materielle Bausteine in einer längeren Zeitfolge als Mikrokosmos im Makrokosmos eines Untermieters auf Zeit entwickelte. Das Universum entstand nicht durch einen einzigen Urknall, sondern so, wie es uns heute die Astronomie bildlich viele Lichtjahre zurück vorführt.

Im Sinne des logischen Denkens ist diese Schrift die höchste Spitze einer geistig möglichen Bildung über das Gefüge des menschlichen Lebens sowie über das Ende der Vision einer Fiktion über die Geschichte der Menschheit.

Die Offenbarung aller Offenbarungen ist das Buch mit den sieben Siegel, die Offenbarung des Johannes (Off. 6.–17.), vor zweitausend Jahren. In ihr verborgen findet sich die wahre Geschichte der Menschheit und ihres Endes nach zweitausend Jahren.

EINE REAL-MYSTISCHE DARSTELLUNG DIESER ZUVOR BESCHRIEBENEN FIKTION

Das letzte Aufgebot des satanischen Einflusses auf die Menschheit gebar sich vor zwei bis drei Generationen durch die Auflösung von einer jahrtausendalten Bindung an moralische und ethische Werte. Eine sich globalisierend auswirkende Kampagne für fiktive Freiheiten aller Begierden forderten die Seelenlosen ein. Der Gier ihrer freigegebenen Gewinn- und Lustmaximierung stellt sich nichts mehr in den Weg. Der Planet stöhnt, der Himmel weint, die Atheisten jubeln.

Der paradiesische Mensch war da viel einfacher gestrickt. Die Lebensfähigkeit unterlag seiner Lebensaufgabe, alles andere besorgte der Geist Gottes in ihm. Jedwede Forschung über das Dasein war tabu. Laut dem heutigen Wissen lebt der Mensch wodurch? Die Wissenschaft hat viele Antworten, aber eines weiß sie nicht: Wer schafft die Energie des Lebens für den Organismus herbei? Mit Erlebnissen zwischen Tod und Leben im geistigen Energie-Dasein wird man gezwungen, immer wieder dort leben zu müssen, wo einst der Einzug in den menschlichen Körper begann. Es ist keine Rückkehr, lediglich ein Aufwachen aus einem Traum, so lange wie ein Menschenleben, aus einer fiktiven Welt aus Materie. Meist erlebt man sich im Aufwachmodus eines mehr oder weniger furchtbaren Albtraumes, Mensch aus Fleisch und Blut mit all seinem Zubehör gewesen zu sein. Innerhalb der universellen, zeitgebundenen Scheinwelt bekommt der Mensch einen real wirkenden Stempel aufgedrückt. So gesehen kann sich das Aufwachgeschehen mit der inkludierten Frage von Sein oder Nichtsein enorm in die Länge ziehen. In ihrer langen träumerischen Abwesenheit mit dem dazugehörigen Erleben erwachen sie hier in der geistigen Energiewelt als Fremdling. Sie werden angefeindet, sie haben etwas mitgebracht aus ihrem Traumleben, das Wesen ihres Gegensatzes, mit möglicherweise einem sehr schlechten Inhalt, und das führt zu gewaltigen Irritationen in der Geist-Energiewelt. Ihr „Mitbringsel“ wird blitzschnell selektiert und mit einem Urteil versehen.

Die Erziehung des Menschen kann nur aus der Kenntnis von Ursache und Wirkung erfolgen. Auskunft kann nur die Rückkoppelung bis zur ersten gesetzten Ursache und deren Wirkung geben. Wer war der erste Täter? Der Geist oder die Materie? Als erster Täter erlebt sich jeder gefallene Engel, damit ist jeder von uns für sich der erste Täter. Diese Logik begründet als Wahrheit die Geschichte der Menschen.

Vor ca. 80 bis 100 000 Jahren lebten auf der Erde an verschiedenen Örtlichkeiten Menschen, die sich gravierend voneinander unterschieden. Das nur der Evolution dienende Wesen Mensch, behaftet mit einem Sinnen- und Denksystem, das mehr dem Tierischen zugewandt ist, steht zu einer ganz anderen Art von Mensch, allerdings weit auseinander lebend, im Gegensatz. Der im Paradies lebende Mensch wurde mit keinen göttlichen Geboten eingeschränkt. Allerdings ein Verbot groß aufzustellen war unerlässlich. Durch Wanderungen von Gruppen, aus welchen Gründen immer, ergaben sich fallweise gleiche Wege oder auch Kreuzungen. Ein der „oberen" Gruppe Angehöriger durfte sich niemals mit Menschen aus dem tierischen, unreinen, ohnehin vom Aussterben bedrohten untermenschlichen Wesen verbinden. Die seelenlose menschliche Unterschicht erlebt sich in einem Lebensstil, in welchem sie sich ihrer ungezähmten Gegensätze lustvoll bedienten. Der von Gott beseelte Mensch hat aber seine Gegensätze im Griff. Der Unterschied dieser beiden Menschenarten ist sichtbar im extrem unterschiedlichen Umgang mit dem aus der Materie stammenden, herrschenden Polarisierung.

Heute leben diese Wesen unterschiedslos in einem unseligen Verbund. Das höchst Geistige hat sich mit der niedrigsten „Unberührbarkeit" verbunden. Die Macht des Teufels hat diese Geschehnisse gegen den Willen Gottes auf den Weg gebracht. Der Spruch des Ewigen: „Ich lasse zu Rauch verzehren, das Schwert fressen und alles tilgen auf der Erde. Die Beseelten kehren zurück, die Unbeseelten waren nie da." Den Unbeseelten wird in Zukunft das noch aus der paradiesischen Zeit stammende, bisher verhinderte Schicksal, nämlich das seines Aussterbens, treffen. Der beseelten Menschheit wird das Wissen der neuen göttlichen Schriften zuteil, und dadurch wird die Rückkehr in ihre Urheimat, der göttlichen Welt, als Engel wieder leichter möglich. Allerdings wird den Rückkehrern in ihren letzten Erdenleben eines abverlangt werden, von jedem Einzelnen sein eigenes, für ihn verderbliches Mittelpunkt-Sein-Denken.

Seelenlose Ahnen zeigten keine Auferstehung, sie machten sich fallweise als dämonische Ungeister aller Art in der Umwelt wahr. Das Zustandekommen einer spirituellen Energie kann parallel mit einer karmisch höher gestellten Persönlichkeit durch die Aufhebung seiner Gegensätze mystisch interpretierbar werden. Die Darstellung des Kreuzes ist im Licht der Heiligen Schrift geistig, in der realen Ansicht grausam, trotzdem trägt es die Energie zur Befreiung der beseelten Menschheit in sich.

Die Wurzeln aller Rituale von seelenlosen Menschen fanden sich im Gewinnen wollen übersinnlicher Kräfte zur Kontaktnahme mit den verstorbenen Ahnen im Jenseits, meist zur Klärung materieller Dinge. Diese Art von Versuchen schlugen zusammen mit verschiedensten Hokuspokus-Praktiken immer fehl. Dämonen spielten die nicht vorhandenen geistigen Organisationen.

Die Engelwesen in ihrer himmlischen Welt sind „geistige Wurzeln", naturhaft, paradiesisch verschlungene kosmische Mächte im Aufbruch zu dynamischen Tätigkeiten in der materiellen Welt. Sie dienen Gott für seine Pläne als Hilfestellung durch ihre Kraftlinien. Sie sind geistige Grundbestandteile im Verkehr in der kosmischen Welt sowie Erreger von Kollisionen in der materiellen Welt und zugleich Exekutoren im Sinne des karmischen Gesetzes. Sie sind der seelische Partner der körperlichen Materie Mensch. Sie haben in dieser Partnerschaft durch den luziferischen Einfluss ihre Macht gegenüber ihrem Körper missbraucht. Sie sind eine physische Koalition mit den seelenlosen Tier-Mensch-Wesen eingegangen. Sie haben sich damit den Auftrag Gottes widersetzt, der gelautet hat „Die Einheit von Geist und Körper sollte das Böse im Gegensatz der Materie so weit zähmen, dass sich daraus eine Dynamik für das kosmische System herausbilden kann."

Die Seelen wurden ihren Auftrag – und damit Gott gegenüber – abtrünnig und gingen als gefallene Engel in die Geschichte ein. Sie hatten die positive Seite des Gegensatzes vernachlässigt, daher konnte das Negative Wurzeln schlagen. Die Partnerschaft Gottes mit dem luziferischen Prinzip erweiterte ihre Macht und bestimmte die Geschichte der Menschheit immer mehr. Die Engelwesen, einst als strahlende Macht des Geistigen, wurden durch die Macht der realen Denkorganisation des seelenlosen Menschen in ihre Unbewusstheit vertrieben. Sie haben immer noch eine gewisse geistige Macht, den Realisten gegenüber anzubieten, denn wenn diese die Unbewusstheit aus Neugierde ergründen wollen, treffen sie dabei auf einen Schutzmechanismus, der die Realen sehr stark ängstigt und Schizophrenie und den Tod bringen kann. Der dem realen materiellen Denken verfallene Mensch macht um die beiden Merkmale einen großen Bogen. Sie warten auf ihre Befreiung, die sich selbst eingesperrten Engelwesen. Als Befreier könnte nur ein Mensch infrage kommen, welcher die Angst vor dem Tod sowie vor den dämonenhaften Angriffen dieser schizophren wirkenden Teufel-Wesen besiegt. Fast alle Versuche scheiterten vor allem am letzteren.

Das Im-Verbund-Sein mit dem „Ich bin" sagt: „Ich bin, weil ich selbstständig denken und handeln kann. Ich bin also ein denkender Mensch. Meine Aufgabe besteht in Nahrungs- und Unterkunftsbeschaffung, meiner Verteidigung sowie die Schaffung meiner Nachkommenschaft."

Das ist der Steckbrief des seelenlosen Menschen. Er hätte, als nicht von der Evolution bedingtes Wesens, vor Zigtausend Jahren aufgrund seines Daseins als Nebenproduktion des wahren Menschen, des Homo sapiens, wieder aussterben sollen. Das geschah nicht. Der seelenlose Mensch breitete sich wie ein Unkraut in die Menschheitsgeschichte aus. Der beseelte Mensch stand nun diesem Bollwerk anfangs hilflos gegenüber, später erfolgte eine unselige Verbrüderung. Das Bewusstsein erahnte fallweise das Vorhandensein des Unbewussten. Das Problem liegt nun darin, dass das wenig bis gar nichts wissende Bewusstsein das Sagen über den Menschen seit dem Beginn seiner Geschichte übernommen hat. Der seelenlose Mensch erkannte seinen Nachteil gegenüber dem Idealmenschen, dieser hatte in seinem Denksystem etwas eingewoben, was sich jenen unbekannt und etwas unheimlich zeigte. Einen Empfindungssinn, der mit dem Geist der Seele eine enge Bindung hatte. Ein empfindendes, geistiges Denken war der geistlosen Denkart weit überlegen. Die Lebensart des Gemischtmenschlichen orientierte sich trotzdem mehrheitlich am körperlichen Sinnen-Wohl-Ergehen. Das Edle, das Mit-Gott-verbunden-Sein, das Geistige, erlebte sich in wenigen Ausnahmemenschen als einsame Sterne des wahren Menschentums. Das Einzige, was den Sinnestaumel der Seelenlosen störte, war der Zugang zur Geistigkeit. Es fehlte das Eindringen geistiger Wurzeln in ihre Organisation des Denkens. Aus dem Verdrängen der Seele in das Unbewusste konnte auch bei den beseelten Menschen vielfach ein geistiges Agieren nicht mehr stattfinden. Das im Urknall als Gegensatz mitgelieferte satanische Prinzip hat sich in seiner hinterlistigen Schlauheit im Menschen eingenistet.

Zwei Eigenschaften prägen Mensch und Tier archaisch gleichermaßen: Neugierde und der Nachahmungstrieb. Im Empfindungssinn mancher Beseeltheit erhob sich noch ein Nachklang im Sinn edler männlicher Gestalten eines Zoroasters als das System einer disziplinierten Romantik. Als einer der letzten bildhaften edlen Gestalten erlebte sich Tannhäuser. Andere Elitenbildungen überwucherten die Geschichte der gewöhnlichen Menschheit. Seelenlose, diktatorische Systeme adelten sich selbst und etablierten eigene Lebensarten, welche sie aus der Allgemeinheit herausheben sollten. Im Verbund mit dem Studium über erweitertes Wissen, über Macht und deren Grundlagen führten zum Adel der Kirchen, Grafschaften und Kaiserreiche. Eine schlechte Nachahmung der wahren Eliten der Vorzeit.

Wenn man bedenkt, dass die Masse der Menschheit zu allen Zeiten aus der Seelenlosigkeit ohne jeglichen geistigen, und die Beseeltheit mit einem stark dezimierten geistigen Beistand, Dinge vollbrachten, wie diese sich heute präsentieren, ist die Frage, wie das trotzdem geschehen konnte legitim.

Der Nachahmungstrieb – etwas Besonderes, Macht zeigendes in die Welt zu setzen – gewann überhand. Ein geistiges Denksystem konnte nicht zur Anwendung gebracht werden, so musste das real Denkende generationsweise durch grenzwertige, periodische Lernprozesse permanent unter starken Druck gesetzt werden. Auch eine Pisa-Studie erblickte das Licht der furchterregenden, nur mehr realen Welt. Kein geistiger Funke verirrt sich mehr in diese in sich selbst und ihre Produkte verliebte Welt einer satanisch gelenkten Wissenschaft. Die

Neugierde erfand Produkte, der Nachahmungstrieb setzte das fort, die Neugierde sah immer wieder Verbesserung. Die heutigen Produkte machen allerdings Angst, große Angst vor dem Daumen auf dem atomaren Knopf.

Das stete Hin und Her über die vielen Religionen muss eine einheitliche Richtung erhalten. Der Begriff Gott ist seinem Wesen nach abstrakt. Von den Gläubigen hochgeschätzt, von den Seelenlosen missachtet. In seinen geschichtlichen Variationen hat das Gottessymbol im heutigen Indien und dessen Umland die höchsten Blüten und im Christentum die höchste Wahrheit erreicht. Ein Angehöriger von mehreren Religionen ist wie ein Papagallo im Reigen fremder Götter. Religionsgründer wurden zu Göttern erhoben. Je mehr Wohlwollen diese dem Menschen gegenüber zeigten, umso mehr Zuspruch war gegeben. „Gott liebt seine Menschen trotz ihrer Fehlungen", diese visionäre Ansicht über Gott entspringt dem Schwachsinn eines Selbstbetruges. Gott entzieht sich den Sinnen des Menschen, er kann nur über den Geist der Seele mittels Empfindungen kommunizieren. Sollte es einen Menschen geben, welcher sein zweites Ich von der Diktatur seines realen Bewusstseins, welches meist im Handel mit teuflischen Dämonen steht, befreien, dann erst wäre eine Basis zu Gott für diesen Mensch geschaffen. Gott zeigte sich der menschlichen Seele gegenüber als Vater seines Kindes, unvorstellbar liebend, solange dieses nicht abtrünnig wurde. Der göttliche Mensch, der Homo sapiens als Körper verbunden, mit dem Geistigen eines Engels, verständigte sich mit seinem Vater durch empfindende Worte. Der Mensch und das Wort von und an

Gott standen am Anfang. Dann erst folgte die dunkle Geschichte der Menschheit. In dieser düsteren Ära sprach Gott das letzte Mal mit Moses, um das israelitische Volk aus der ägyptischen Demütigung zu befreien. Gott setzte sich vor Moses und seinem Volk durch Wunder in Szene und gab Gebote für sein Volk. Die erfreuliche Wiedereröffnung durch eine Kommunikation Gott-Mensch endete im Desaster von Golgota mit den Worten Jesus: „Herr, warum hast du mich verlassen?" Real seinen Körper, nicht seine Seele, die zog nach Hause zu „Ihm". Seit über zweitausend Jahren bildete sich trotz abstrakter Wunder von „Oben" aller Art keine wirkliche Gesprächsbasis mit Gott mehr. Die Seelen der Menschen, ihr zweites Ich, versanken mit ihren körperlichen Begierden in ein sinnloses, von teuflischen Dämonen betriebenes Dasein.

Durch Corona wird das Kreuzsymbol bei den Menschen wieder innerlich sichtbar werden. Es wurde in den letzten Jahrzehnten zu einem verstümmelten Designer-Artikel und von kirchlichen Trägern jahrhundertelang entweiht. Die Mystik des Kreuzes fordert Schlichtheit ein. Durch die immerwährende Zeugenschaft des Geschehens von Golgota bietet das Kreuz als einzige Materie auf dieser Welt eine geistige Ausstrahlung für denjenigen, der dieses hohe Geheimnis empfindet sowie die Gesprächsbereitschaft mit Gott in sich trägt. Die Menschen, welche jetzt den einschneidenden Lebensfaktor einer weltweit lebensbedrohenden Pandemie erkennen, werden intuitiv die Strahlkraft des Kreuzes in Szene setzen und ein Gespräch mit Gott suchen. Sein Leid bringt den Menschen zum Kreuz, das Kreuz weist den Menschen als Leidensträger zu seiner Seele, zu seinem zweiten Ich. Das Leid benimmt sich orientierungslos und wartet auf Hilfe. Erst wenn die reale Denkenergie im Bewusstsein den Begriff „empfindendes Fühlen“ lernt, ist die karmische Gesetzgebung bereit, einem Begnadigungsantrag stattzugeben.

Die Bevölkerung wird weltweit am Ende der Corona-Pandemie ganz anders aussehen als heute. Viel weniger Menschen werden dann die Erde belasten.

Der Begriff Religion ist mit Gott verbunden. Archaisch ist das wieder zustande kommen einer Verbindung Gott-Mensch angedacht. Später wurde man bescheidener, der Glaube an Gott, Frömmigkeit, Gottesverehrung, Gottesfurcht reichte auch. Die Religionsphilosophie betrieb sogar eine Wissenschaft über den Wahrheitsgehalt und das Wesen von Religionen. Außer verschiedene Annahmen findet man nichts Konkretes. Der Mensch hat mit Gott gebrochen, und jetzt fleht er, der Mensch, wieder um alles Mögliche zu seinem Vorteil von Gottes Gnaden zu erheischen. Allen Religionen scheint eines gemeinsam: Verhaltensregeln im Leben sowie Achtung vor dem Tod und vor Gott. Die Vertreter von Religionen und Gott installierten für sich eigene Regeln. Ihre Macht und mit ihr die Gier bestimmten diese Regeln. Die Aufklärung, das wachsende Wirken und Schaffen der Wissenschaften durchmischten und verdünnten den Religionssalat, der Atheismus fand seine Zeit für sich gekommen. Die Religionsbetriebe in ihrer Verweltlichung befinden sich in einem dem Menschen aufgepfropften Lügen, Unrechts- und Gewalt-Modus. Wahrheit konvertiert zur Lüge, Recht zu Unrecht, Freiheit zu Gewalt. All diese Eigenschaften fanden ihren Weg in die Familien, Gesellschaften, Politik, Wissenschaften und sonstigen Vereinigungen. Eine neue Religion steht im Fokus Gottes, eine, die zuerst aufräumt, die Wahrheit, das Recht und die Freiheit wieder zur Normalität gestaltet. Bei der Neubildung der Religion aus den Wurzeln des Christentums hat die Dualität im Menschen eine Bedeutung. Der Astralleib bildet die geistige Strahlungsquelle zur Interpretation seiner Andersheit gegenüber dem Körper. Diese Andersheit muss der Mensch empfinden und erkennen lernen. In dieser Schrift wurde alles aufgelistet, was in der Geschichte der Menschheit elendig falsch gelaufen ist. Nur aus dieser Erkenntnis entwickelt sich die Religion, die Wiederverbindung mit Gott im Menschen.

Die größte Angst des Menschen ist die vor dem Tod. Thematisch müsste sich der Astralleib, die geistige Organisation, der Ich-Geist, das zweite Ich, die Seele des Menschen, über das Sterben freuen, die Last des Körpers fällt ab, die Seele könnte in Freiheit ihren Himmelsweg antreten, wenn da nicht die Angst vor der Strafe Gottes im Zusammenhang mit den schlechten karmischen Werten im Raum stünde. Allerdings, diese Werte machen nicht das Problem, die sind längst verdrängt, von der Seele im Separee des Unbewussten eingelagert. Das schlechte Gewissen ist im geistigen Bereich zu finden, nur die seelische Organisation hat ihren Angstzustand in die menschliche Denkorganisation ausgelagert. Schließlich ist das Sterben eine körperliche Angelegenheit und damit nicht die ihre. Dem Menschen in seiner Gedankenwelt schaudert vor dem Tod seines Körpers, seines nicht mehr Auf-der-Welt-sein-Dürfen. Der Schmerz des meist schon kranken Körpers, das schreckliche Aussehen seines toten Kadavers und doch auch noch die Ungewissheit über das berühmte Sein oder Nicht-Sein belasten die Gedanken des Menschen schwer. Die schlaue Seele hat es verstanden, ihre Angst vor den Letzten Dingen aufgrund ihres schlechten Gewissens auf ihren materiellen Lebenskumpanen – auf die Fiktion eines Sensenmannes als Tod – umzupolen.

Im Laufe der Menschheitsgeschichte wurde im Zuge der Durchmischung von beseelt und unbeseelt Letztere in dasselbe, ihm nicht zustehende Angstsystem eingegliedert. Ihr kleines geistiges Denksystem, welches ihren Körper nicht begleitet, verbringt den Rest ihres Daseins, das ist bis zur allgemeinen Entmaterialisierung, im Höllenfeuerlein ihres Chefs, dem Teufel. Der beseelte Mensch ist je nach seinem karmischen Wert zweifach von der Sterbeangst geplagt: von seiner Seele als Anstifterin und von der Denkenergie als Vollzugsperson im Zusammenhang mit den Taten seines Lebens.

Die Form der menschlichen Pandemie-Bekämpfung zeigt deren Ahnungslosigkeit gegenüber dem realgeistigen Motiv dieses Geschehens.

Eine biologische Elternschaft bestätigt lediglich die tiermenschliche Abstammung für eine endliche Körperschaft. Erfolgt die Begleitung der Seele, prägt er den wahren Wert des Lebens für eine geistige Elternschaft.

Der Begriff Freiheit bedeutet für die Menschen, ihrem körperlichen Wohlergehen freien Lauf zu lassen.

Die Kultur einer Sprache bildet Hüllen für schnellwüchsige, sich zur Schau stellende Ausdrücke auf eine bestimmte Zeit.

Das Ausdrücken von Empfindungen findet sich weder in Konventionellen, noch im System der Grammatik.

Wer zufrieden ist, hat resigniert, sagte einer, der sich jagen ließ von seiner Genialität, der die Zufriedenheit gar nicht aufkommen ließ, um keine Zeit zu verlieren. In seiner Genialität lag aber schon eingebettet die Zufriedenheit, eine Seltenheit, welche sich nur bei großen Genies zeigt.

Kunst ist eine Wahrheit, welche die Seele mit Freude bis ins Schaudern berühren soll.

Religion ist eine persönliche Begegnung mit einer geistigen Empfindung.

Die Geschichte des Kreuzes ist eine zweifache: ein Schaubild für die Öffentlichkeit und das Bildnis für den Tod und zugleich für das Leben als empfindende Darstellung vom Tod und der Auferstehung.

Der Astralleib eines jeden beseelten Menschen übernimmt wieder die wahre geistige Führungsposition gegenüber seinem Körper.

Die Energie von Giften wirkt zweckgebunden auf Seelenlose.

Das Kreuz ist der Altar zur Vereinigung von Körper mit dem Geist und Zeuge über die Endlichkeit des Körpers gegenüber der Unendlichkeit des Geistes.

Unebenheiten im Leben sind eine Sache der Auslegung.

Liebe gebiert sich in der Mystik einer Empfindung innerhalb ihrer Verwandtschaft mit der Seele.

Hass gebiert sich in der Begierde.

Die Menschen sind fortschrittsgläubig geworden, wissenschaftliche, industrielle Errungenschaften verströmen den Glauben des alles Machbaren. Eine neue

Gottheit ist im Anmarsch, die der allmächtigen Technik. Die Leichtgläubigen wechselten ihren Glauben in diese Richtung, vor allem auch deshalb, weil an den Würdenträger der Kirche, durch seine gesetzeswidrigen Handlungen, diese auch öffentlicher Kritik ausgesetzt werden. Man traute sich jetzt nach fast zweitausend Jahren gegen diesen übermächtigen Machtapparat Stellung zu beziehen. Die selbst ernannten unfehlbaren Gottesvertreter sind und waren auch immer fehlbar. Ihr jahrtausendalte Macht zerbröckelt. Die Gläubigen laufen ihnen davon. Was sind das für Gläubige? Wovor laufen sie davon? Von den Übeltaten der Priester in allen Rängen? Sie fühlen sich enttäuscht von ihren Gottespredigern wegen deren Lebensstil. Da muss man schon die Frage stellen, woran haben diese Gläubigen eigentlich geglaubt? An jene Menschen, welche in religiösen Gewändern stecken oder an das große Mysterium der Wahrheit von der Allmacht Gottes. Höchste Achtung vor den wenigen auserlesenen katholischen Führungskräften, die in dieser Verworrenheit mit dem Mut der Verzweiflung Details aus dem Alten Testament in ihrer Wahrheit noch zum Strahlen bringen, den Kern des Neuen Testamentes spirituell und real zum Verstehen bewegen und ihre Demut vor Gott der Welt auch glaubwürdig zeigen.

Die Kleingläubigen, die Wechselwähler, die zu anderen Religionen wechseln, immer auf der Suche nach dem für sie angenehmeren Glauben, haben einen bezeichneten Charakter. Mehrere Dinge muss man der Kirche zugutehalten. Sie hat den Kern des Glaubens fast zweitausend Jahre bis zu einer erneuerten Weiterführung nicht ganz zerstört. Sie hat Kunstwerke ins Leben gerufen, welche die wichtigsten Markierungen des Christentums zum Thema haben. Sie hat Gotteshäuser mit einer spirituellen Ausstrahlung erschaffen. Sie hat sich tiefgläubiger Meister bedient, die ihre Liebe zu Gott potenziert in ihre Werke projizieren konnten. Das betraf den frommen Maurermeister vom Land ebenso wie den genialen Baumeister in den Städten. Sie hat viel Geld in die Hand genommen, um diese Werke durchführen zu lassen, und vor allem auch, um den hohen Herren eine Präferenz am Himmelstor zu gewährleisten. Die neuen Gläubigen werden sich der Gotteshäuser annehmen, aber nur solchen, die ihre Ausstrahlung in die Seelen der Menschen bringen; die, durch ihr Leid vielen Menschen ihr eigenes Elend zu ertragen verhalfen. Materie lässt sich über den Umweg des Glaubens beseelen, er muss nur so stark sein wie Kinderseelen und das Kreuz muss dies vermitteln.

Das auf „Show" ausgerichtete Gutmenschsein-Tun setzt ein zweifaches Zeichen. Es ist meist die Projektion für eine zweckgebundene Verbindung zu sich selbst oder der scheinheilige Versuch, sein eigenes, negativ behaftetes Gewissen aufzupäppeln, selten eine Hilfestellung, die ihren Einsatz rechtfertigt, denn dazu wäre die Sichtbarkeit des Hintergrundes dieses hilfsbedürftigen Menschen erforderlich. Diese Kraut-und-Rüben-Hilfsaktionen sind gegenläufig zu denen, welche die Bestimmungen sinngemäß veranlassen: das Schicksal oder das karmische Gesetz.

Die Kriegserklärung Gottes an die Menschheit trifft diese in einer Situation der noch nie da gewesenen Mensch-Tier-und-Umwelt-Ausbeutung zum Zweck einer maximalen Gewinn- und Lustoptimierung rund um die Welt. Das begründet auch den gleichzeitigen Einsatz der göttlichen Kriegsmacht rund um den Globus als seine Globalisierung. Noah mit seiner Arche hat Jahrtausende vorausgesehen und die Welt vor Corona symbolisiert. Die Macht des Teufels schaffte es immer wieder, den göttlichen Plan zu vereiteln. Jetzt, in seiner eher machtlosen Funktion gegenüber Gott, kann es keinen Stopp mehr geben. Der Entstehung einer harmoniegerechten Gesellschaftsform sind keine Grenzen mehr gesetzt. Der direkte Draht Teufel-Unmensch wurde endlich gekappt. Dem noch traditionell bestehenden Gewohnheitsstatus ereilt dasselbe Schicksal.

Der Wahnsinn

Er steht meist in Zusammenhang damit, wenn Menschen den Bereich des Abstrakten ahnungslos anzuknabbern versuchen. Meist geschieht es durch Drogen aller Art – Hypnosen, Überforderung des Denkvermögens –; genial sind jene, denen die moralischen Grundlagen fehlen. Wenn Menschen, welche aus philosophischen oder religiösen Gründen zu weit in das geistige Spektrum ohne erfahrene Seilschaft eindringen wollen, wird hier dem bewussten Denken nicht nur ein Halt entgegengeschleudert, sondern auch dem Bewusstsein der reale Boden weggezogen, ohne eine andersseitige Stützung zu geben. Genau das macht solche Aktivitäten so gefährlich. Der Wahnsinn erlebt sich durch das Verlassen der sogenannten Normalität, getrieben durch verschiedene Veranlassungen. Viele der sogenannten Verrückten, auch solche, welche dieses Phänomen schon in ihr weltliches Dasein mitbekommen haben, erleben ein eigenes Wahrheitsempfinden, welches den normalen, meist verlogenen Wahrheiten krass gegenübersteht. Kinder und Narren sagen die Wahrheit, ein alter weiser Spruch, in dem das bewusste Denken noch von der Seele, dem Unbewussten, beeinflusst wird. Die realen Normalen erkennen diese Wahrheiten nicht an, weil diese keine Lügen zulassen. Alle diese Wahnsinnsbeteiligten sind dem Grunde nach bewusste oder unbewusste Grenzgänger in einem Gebiet, welches früher einmal, vor Adam und Eva, zu ihnen gehörte. Die sogenannten Normalen haben sich mit dem Verlust dieser einst wahren Wahrheit längst abgefunden und empfinden ihr vollkommen sinnlos gewordenes Leben als das von Gott gegebene. Der Wahnsinn als die Gespaltenheit von realen Körper und geistiger Seele ist wie ein Spürhund, der etwas tief Vergrabenes erahnt, aber keine Pfoten besitzt, um das Geheimnis freizulegen.

Das letzte Aufgebot des satanischen Prinzips

Drei Dinge möchte der Teufel in seinem letzten Aufbäumen vor dem Ende seines Wirkens noch erreichen. Die noch stärkere Entartung der Entseelten in ihren negativen Handlungen gegenüber dem Positiven, dem Ende der Corona Pandemie, sowie die nicht Veröffentlichung dieser Schrift. Ersteres gelingt noch sichtbar, das Verbrechen, die allgemeine Verdummung, die politischen und wirtschaftlichen Lügenbaronate sowie die Brutalität der Mächtigen, alles negativ besetzt, gewinnt an Terrain. Wenn Corona auch versagt, dann ist die Erderwärmung am Zug, nur diese macht keinen Unterschied zwischen Seelenlosen und dem Gegenteiligen, zwischen Gut und Böse. Alles Lebende erlebt sich dann im Sterben, die Beseelten in ihrer Wiedergeburt.

Weltfremdheit

Trifft auf einen Menschen zu, der sich anderen Dingen widmet, als das bei der Masse erwünschte, und vor allem das bei ihr auch nicht Verstandene. Seit alten Zeiten benannte man diese Sonderlinge einfach „Spinner". Sie fanden sich alle in einer Gemeinsamkeit, im Drang, neues Wissen zu sammeln, um dieses vielleicht anwenden zu können, wieder. Die „Normalen" lebten traditionsgemäß normal und nicht fremd in ihrer Welt, sie ahmten das Gewesene nach. In der Zeit vor dem gefallenen Engel war das Leben der Menschen auch traditionell ausgerichtet; das Mit-Gott-sprechen-Dürfen verlangte keine Veränderung in Richtung besserer Lebensbedingungen, ihr Lebensparadies zeigte sich bereits als Vollkommenheit. Die Weltfremden nahmen den Begriff „Fortschritt" in ihren Fokus. Fortschritt, wohin egal, Hauptsache aus dem „Alten" heraus. Dieser Trend führte linear zur Atombombe. Ein heutiger Weltfremder ist einer, der den Irrsinn als Irrtum erkennt, sein Motto – „vorwärts, wir müssen zurück" –, als den richtigen Weg aufzeigt.

Die biologische Verwandtschaft

Sie ist im Menschen nicht mehr oder weniger als bei allen Säugetieren; anders ist dies aber bei den Menschen, an welchen eine Beseelung nicht vorbeiging. Erbanlagen formaler und aussehender Art, Ähnlichkeiten im Bereich der Sinne, gute oder böse Züge. Die Zusammengehörigkeit solcher Menschen untereinander bleibt dem reinen Zufall, ihrem Schicksal, überlassen. Familienmitglieder machen da keine Ausnahme und ticken ähnlich. Das Sagen haben meist die Stärkeren und Schlaueren. Wirklich gute Zuchtergebnisse sind eine Freude bei Tieren. Der Mensch achtet gar nicht darauf. Verwandtschaftsgrade werden oft aus billigen Motiven hochgeschaukelt und finden selten gute Charaktereigenschaften. Bei den menschlichen Geburten, welche bei der Seelenverteilung dabei sein durften, finden sich andere Voraussetzungen in ihrer Vernetzung. Der Grad der Beseeltheit zeigt hier ein Mischverhältnis zwischen dem Einsatz des Schicksals und der karmischen Gesetzlichkeit auf.

Der Totschlaf

Er entwickelt sich aus dem Zustand eines verstorbenen Körpers nur dann, wenn die geistige Organisation eines Menschen verpflichtet wird, noch weiter auf Erden zu bleiben. Dazu benötigt diese aber ihren bereits fast verstorbenen Körper, um die Agenden der Seele irdisch vermitteln zu können. Die Körperlichkeit hat nur im Schlaf die Möglichkeit, ihr Tod-Sein weitgehend zu zelebrieren. Daher das Empfinden eines Todschlafes. Die allmorgendliche Rückholaktion durch die geistige Organisation unterliegt einem gewaltigen Energieverbrauch für das Wieder-lebendig-werden-Müssen des gesamten Menschen. Der Aufwachmodus ist ein täglicher Kampf zwischen dem nicht mehr Da-sein-Können in dieser Welt und der auferlegten göttlichen Verpflichtung als Gegenteil. Das bereits seit Jahren natürlich vorgegebene Sterben eines menschlichen Körpers erlebte sich in einem von „Oben" angeordneten Stopp. Die körperliche Instanz erleidet seit diesem Zeitraum ein nächtliches Sterben und ein tägliches Wiedergeboren-Werden, so lange, als sich die beseelte Menschheit durch geistige Einwirkungen auf dem Sammelplatz ihrer Rückkehr einfindet. Die Energie für diese Aktion liefern das geistige Leid sowie der körperliche Schmerz.

Die Seelenverwandtschaft

Sie findet öfters Anwendung, wenn zwei Menschen, egal in welchem Zusammenhang diese zueinanderstehen, in wesentlichen Anschauungen über das Leben, ziemlich parallel laufen. Seelenlose können hier naturgemäß nicht mitreden, weil ihnen das Produkt fehlt. Eine wirkliche Verwandtschaft von Seelen erlebt sich meist ein Leben lang und ist nicht nur auf zwei Personen abgestimmt, aber diese Verwandtschaft ist sehr dünn gesät, außerdem hat sie einen abstrakten Verlauf und lässt den Menschen auch nicht voll teilhaben an der Wahrheit der Trinität: Gott – Seele – Ich. Es handelt sich hier um einen rein geistigen Prozess. Mehrere Menschen mit einem hohen karmischen Wert führen sich automatisch durch den gleichen Auftrag Gottes zusammen. Dieser Auftrag bindet auch den körperlichen Anteil an die geistige Organisation im Menschen. Das Leben dieser Gemeinsamkeit besteht aus den gleichen Interessen, ein Leben in Disziplin zu Gott und in Harmonie sich selbst gegenüber.

Die abstrakte Wahrheit

Mit ihren unheimlichen Tiefen öffnet sie ihre Pforten zum Studium für die neuen Aposteln. Kriege, Seuchen, Umweltkatastrophen galten für die Menschen immer als Strafe Gottes. Am Ende dieser Heimsuchungen der Dank an Gott. Dass der Teufel diesen schrecklichen Geschehnissen Einhalt gebot, hätte niemand begreifen können. Gott wollte immer schon mit diesen seinen Aktionen eine Selektion zwischen Gut und Böse, zwischen beseelt und unbeseelt erreichen. Der Teufel war lediglich derjenige, der das Werk Gottes verhinderte. Die schönen Pestsäulen und Dankprozessionen wurden demnach dem „Falschen“ zugeordnet. Dieses Abstraktum ist ein Novum. Es gilt hier nicht eine Unterhaltungslogik, sondern die einer aus Fakten vernetzte.

Harmonie

Sie betrifft die Annäherung der Denkstruktur des Körpers an die seiner geistigen Organisation. Eine Gesamterfüllung kann erst nach dem körperlichen Ableben unter der Voraussetzung einer hohen positiv-karmischen Lebensbewertung erfolgen. Die christliche und auch andere Religionen überlassen die Entscheidung über Himmel, Fegefeuer oder Hölle nach dem Tod eines Menschen einer höheren Macht. Das Fegefeuer erlebt sich als Läuterungsprozesses mit der Anweisung: wieder hinein in ein neues Leben auf Erden, mit der Option, sich als besseres Produkt wieder vor dem ewigen Richter einzufinden. Die kosmisch göttliche Engelschar hat sich vom gefallenen Engel nie lösen können. Harmonie ist eine prädikative, wertvolle Energie aus dem Begriff Liebe und Freude, sie erlebt sich nur in der kosmischen, der vierten Dimension. Für den gängigen Menschentyp ein Abstraktum, für den Gläubigen die größte Sehnsucht. Die intuitive Ahnung eines von der Intelligenz verschonten einfachen Menschen, für den Gott einen verinnerlichten hohen Wert darstellt, empfindet diese würdevolle Schönheit einer Harmonie in seiner naiven Glaubenswelt. Für den Atheisten ist das ein Null-Thema. Beseelte Menschen versuchen oft verzweifelt, sich in ihrem Umfeld ein harmonisches Empfinden aufzubauen. Das wirkliche Gelingen ist eine Seltenheit, es wird daher oft der Verdrängungsmechanismus gegenüber dem Unangenehmen als Hilfsmittel installiert, leider bleiben dabei Enttäuschungen nicht aus. Ganz einfach, die Seele steht mit dem Körper in einer mehr oder weniger gezähmten Verwandtschaft, das heißt, die körperlichen Wünsche sind mit denen der Seele nicht immer kompatibel, dadurch entsteht ein Spannungsfeld. Das karmische Prinzip spielt hier den Schiedsrichter und zeigt die jeweiligen Verhältnisse an. Wer in seinem Leben über einen gläubigen Meister höheres autogenes Training betrieben hat, weiß, was hier gemeint ist.

Der Makrokosmos ist in seinem Bestand die Energie des unendlich seienden kosmischen Geistes und bildet zusammen mit dem Lebensgeist des Menschen die Energie einer geistigen Organisation.

Der Mikrokosmos ist in seinem Bestand die gegensätzliche Energie der endlich seienden Materie.

Das „Ich"-Bewusstsein des Menschen ist keine Energie der Materie, sondern findet sich minimal als geistige Energie im materiellen Gefäß des menschlichen Gehirns und erlebt sich außerhalb der geistigen Organisation.

Der Mensch erlebt sich in seinem göttlichen Konzept harmonisch innerhalb seiner von ihm selbst kontrollierbaren Gegensätze. Hier hatte die Harmonie das Sagen. Die Ur-Reste dieser Harmonie-Sehnsucht stehen jetzt unter dem Druck der Begierden-Sager. Die Kraftlosigkeit des unsterblichen Seelen-Geistes ist der wahre Leidensverursacher, weil er sich den wertlosen, sterblichen, körperlichen Sinnes-Lüsten nicht entgegenstellt. Er, der ehemalige Garant für Friede, Harmonie, Glück und wahrer Liebe in der Vereinigung mit dem Glauben an die göttliche Schöpfung hat sich der Sterblichkeit seines Daseins ergeben. In dieser Polarisierung von sterblich/unsterblich haben sich das Leid, der Schmerz und die Angst vor dem Tod angesiedelt. Der Mensch, vor dem gefallenen Engel, erlebte sich frei von Angst, Leid, Schmerz und Tod in Harmonie mit seiner Welt und Gott. Genauso ein Leben wäre das, nach dem sich die beseelte Menschheit so sehnt. Nur niemand will etwas dafür tun, sie nuscheln immer nur zu Gott, er soll ihnen dieses Leben bringen, ihnen ihre Untaten verzeihen und ihnen nach einem Leben voller Begierden, aber ohne Angst und Leid erlauben, das Dasein zu genießen. Gerade das heutige, tägliche Geschehen beweist, dass sich Leid, die unheimliche Geißel, zusehends ausbreitet. Die leidvolle Masse Mensch ist nur ein Mengenbegriff. Betroffen, verantwortlich für sich selbst und sein Leid, ist jeder Einzelne. Jeder Einzelne ist Erschaffer und Träger seines eigenen Leides und erlebt sich in der Verantwortung über sich. Die Hilfestellung Gottes am Menschen beginnt, wenn der Mensch seine eigene Hilfestellung beendet hat. Erst dann löst sich die unheimliche Geißel der Menschheit von Leid und Tod, aber immer nur für jeden Einzelnen, auf. Der „Ich-bin“-Geist des Menschen wäre wieder Chef des Körpers und dessen Gegensätze. Der Mensch trägt das Diesseits und das Jenseits voneinander abgegrenzt in sich selbst. Er muss dazu nicht die Weite des Himmels mit einbeziehen, nicht mit der Sicht nach „oben“, sondern in der Sicht nach „innen“, hier findet sich die Wahrheit.

Der Mensch sehnt sich nach Frieden mit seiner Umwelt, doch er findet ihn nicht mehr, auch nicht mehr den Frieden mit sich selbst. Die Menschen beten innig um Frieden und zünden Kerzen an, immer nur dann, wenn das drohende Gegenteil sich zeigt. Krieg ist Gegensatz, und diesen Gegensatz produziert der Mensch aus seiner Körperlichkeit, aus seinem Ich-Ungeist selbst heraus. Das Gebet richtet der Mensch an den Falschen. Gott ist nicht der Unfrieden-Macher in der Welt. Die Bitte um Frieden muss an sich selbst gestellt werden. Das Beten gibt nur dem Hoffnung, der sich selbst als Gefährder des Friedens erkennt und seinen Frieden zuerst mit sich selbst und dann mit Gott sucht. Die Menschheit ist immer nur für Wirkungen von außen in den Kampf gezogen, niemals gegen die Ursachen, nämlich gegen sich selbst und ihren satanischen Handlungen. Von außen können sie keinen Frieden erhalten. Gott ist nicht Akteur, er ist nur Zuschauer dessen, wie lange noch diese unwürdige Menschheit an ihrer Geschichte schreiben wird.

Das Denksystem im menschlichen Körper ist krank, da es sich lediglich mit realer Materie befasst. Jenseitige Gegebenheiten erforschen zu wollen, da entwickelt sich im realen Denken eine Furcht vor einem unheimlich wirkenden Unbekannten. Der Gebrauch von noch vorhandener Restgeistigkeit erfordert eine enorme Konzentration und bewirkt eine Überbeanspruchung des Denksystems. Der Anschluss an den geistigen, abstrakten Informationsstrom regt kreative Kräfte an, und die drückt sich als Leidensformation einer Verlassenheit in der geistigen Organisation aus. Das erklärt auch das Nahverhältnis zum Merkmal einer Zyklothymia bei zu intensiven abstrakten Forschungsarbeiten und endet meist auch mit dem Zusammenbruch des Kontaktes zur Umwelt.

Damals eine Lebenspartnerschaft einzugehen war deshalb kein Risiko, denn es wurden ja keine Gegensätze ausgestrahlt, da sich niemand als Mittelpunkt aufspielte. Die Summe all dieser Menschen kannte nur einen geistigen Strahlenmittelpunkt in ihren jeweiligen Leben und der war Gott. Vor dieser Macht ging keine Angst, aber Respekt aus, dieser Respekt erlebte sich als Allgemeingut. Jeder vor jedem. Wer bestimmte die Geschlechter? Der Schaffende das Gebärende. Die menschliche Gegebenheit hielt beides bereit. Die Entscheidung fällte einfach der jeweilige Bedarf durch die weitschauende Energie der göttlichen Engelwesen. Das größte Phänomen war das Steuerungssystem des paradiesischen Menschen. Es kommt niemand von außen an ihn heran, wer immer das auch sei und sagt „du musst". Das Innenleben des Menschen war die introvertierte Befehlszentrale, erlebt als göttliche Seele in ihm, und alle Sinne empfanden dadurch aus sich selbst das richtige Tun. Das Sein und das zugleich Nichtsein.

Wie lange sich der Mensch nach der Art Gottes als das Maß aller Dinge noch hätte behaupten können, ist wahrscheinlich im Alten Testament, Amos Kapitel 5/7 vor circa 5000 Jahren beschrieben: „Weh denen, die das Recht in bitteren Wermut verwandeln/und die Gerechtigkeit zu Boden schlagen." Wenn man den Zeitraum von 80 000–100 000 Jahren als den Beginn der gefallenen Engel annimmt, so lebte das Menschheitsgeschehen sehr lange Zeit im Dunkeln ihrer Geschichte. Kämpfe gegen Naturgewalten, Nahrungsbeschaffung als Überlebensstrategie in einer teils unwirtlichen, sich immer wieder veränderten Welt beschäftigte die Menschen.

Ein Problem befindet sich in der körperlichen Organisation des Menschen: Es gibt keine Sinnesorgane für den Empfang einer Nachricht aus der kosmischen Welt. Das Licht ist die einzig bekannte und schnellste Quelle für die Sichtbarmachung gewaltiger Entfernungen von materiellen Geschehnissen im universellen Raum. Nur dieses Licht strahlt von „außen" zu uns herein. Unsere eigenen erbärmlichen Lichter haben hier gar nichts zu vermelden. Das räumliche Universum erlebt sich in fliesenden Grenzen in dem ihr zugewiesenen Bereich des Magnetismus aus dem Urgrund der Materie. Ideen filtern sich aus zueinanderstehenden tätigen Energien. Der schon oft besprochene geistige Anteil des Menschen ist dem Grunde nach kosmisch. Sein Körper symbolisiert das materielle Universum. Der geistige Engel lebt im Kosmos, der gefallene Engel auf Erden in Verbindung mit seinem materiellen Körper. Jeder beseelte Mensch ist ein Synonym einerseits der kosmischen und andererseits der universellen Welt. Der hier zu besprechende Fall betrifft einen ex-gefallenen Engel, welcher trotz des starken körperlichen Widerstandes durch viele Extremerlebnisse den Engel-Status wieder erreichte, aber trotzdem mit der körperlichen Schwere dem irdischen Leben erhalten bleiben muss. Ein noch nie da gewesenes Phänomen, ein Mensch, dessen Geistkörper sich von der Materie loslöste, agiert eigenständig unter Führung der göttlichen Instanz zwischen Himmel und Erde. Diese göttliche Verbindung ist nicht mehr zeitgebunden in der Übertragung von Nachrichten. Geistige Energie kennt keine Distanzen und schon gar nicht den Begriff Zeit. Das Wesen Gottes ist eine Konzentration geistig tätiger Energien. Eine Beziehung zu Gott muss keine Distanzen überwinden. Geist und Körper des Menschen erleben sich eng umschlungen. Die geistige Organisation des Menschen, dem Grunde nach ein dem Körper zugeordneter Engel, ist durch diesen Beseelungsvorgang Gott im Menschen. Gott erwartet vom entdämonisierten, beseelten Menschen eine Selbstkritik seiner Abtrünnigkeit mit all ihren Folgeerscheinungen und des Weiteren eine Distanznahme zu grausamen, tierischen, instinktlosen Handlungen aller Art.

Es würde sich ein neues, hoch interessantes, sehr spannendes Forschungsgebiet innerhalb der kosmischen Ebene durch das bewusste Abwerfen der schwerfälligen Körperlichkeit auftun. Diese kosmische Forschung wäre nur im Alleingang des geistigen Anteils, der Seele, möglich, also nach dem Tod der Materie. Der Auftrag an eine Person ist eindeutig nur das zu erkunden, was für die beseelte Menschheit Bedeutung hat. Ohne den körperlichen Anteil am Menschen wäre das Berichten, Schreiben, Erklären kosmischer Sichtweisen für die Menschheit aber nicht möglich. Empfindung ist kein körperliches Organ, aber trotzdem in seiner Wichtigkeit für das menschliche Leben unentbehrlich. Das Wort Liebe hat den höchsten Ausstrahlungswert nur in der Umarmung mit einer Empfindung. Ein Mensch, welcher Liebe im edelsten Sinn erfahren kann, muss sehr vorsichtig mit seiner Empfindung umgehen, um sich nicht in einer falschen Liebe zu verlaufen, in die der rein sexuellen. Die Masse denkt, ihrer Vorstellung nach, irgendeine Erregung sei Liebe, die kurze Dauer dieser Einbildung zeigt den Irrtum ihrer Nichtempfindung.

Das Ende dieser Schrift beendet auch die jahrzehntelange Schulung als Symbol für eine Energie, welche auch das Ende dieser Welt in sich trägt. Sie ist auch eine Ansage Gottes an die Menschheit, verbunden mit der Anklage wegen des Kontaktes mit dem Teufel. Diese Schrift beinhaltet auch eine gewisse Gegensätzlichkeit durch ihre dynamische Aneinanderreihung abstrakter Einheiten. Körper-Massen entwickelten Energie-Systeme ungeistiger Art wie Dämonen, viele Götter, Neid, Gier, Habsucht, Brutalität, Selbstverherrlichung und Bösartigkeit. Sie sind das Konstrukt eines bebilderten Lebensregelwerkes geworden. Luziferische Kaiser, Päpste und Könige regierten schicksalhaft Völker in ihre Armut.

Tüchtigkeit ist das Ergebnis von Bemühungen.

Das Werk „Vision einer Fiktion der Menschheitsgeschichte" erkennt sich selbst als System abstrakter Wurzeln, nur gewendet.

Das Kreuz lebt im menschlichen Geschehen als Mysterium durch die geistige Souveränität Gottes.

Eine radikale Institution der Kirche ordnete die ständige Bindung der Figur Jesus an das Kreuz an.

Paracelsus, als die geistige Grundlage aus dem vorangegangenen erdenen Leben, schaffte eine äquivalente Andersheit.

Das Thema Glaube wirkt in der heutigen Welt nur als wörtlich äußerlicher Sinn.

Im Auftrag Gottes war es die Aufgabe des Autors, die Logik des Geschehens auf Erden zu präsentieren.

EINE EINFACHE DARSTELLUNG ALS RÜCKBLICK EINER VERGESSENEN ÄRA

Diese Lehre ist für größere Kinder und für Erwachsene, die sich ihr Gemüt eines Kindes bewahrten.

Seit Menschen auf dieser Welt leben, ist Gott in ihren Empfindungen, er ist ihr Vater und Vertrauter in all ihren Lebensbereichen. Sie wurden in ein schönes Land hineingeboren und lebten in Frieden auch mit den von Gott erschaffenen Tieren zusammen. Fruchtbarer Boden für Pflanzen zum Säen und Ernten, Bäume mit Früchten, Meere und Seen mit Fischen, Wälder mit verschiedenen Tieren und über allem der weite, große, schöne, blaue Himmel, manchmal mit dunklen Wolken verhangen für Regen, der für Mensch, Tier und Pflanzen als Segen galt. Die Welt der Tiere zeigte sich zahm dem Menschen gegenüber. Beide Wesensarten aßen Pflanzen, Früchte und die Produkte der Tiere. Das Zusammengehören war in großen familiären Clans zu finden. Das Kind-Sein ein schönes Leben. Anfangs erlebten sie sich in der Liebe und in den Händen ihrer Mütter sowie der sonstigen weiblichen Verwandtschaft gut aufgehoben. Mädchen blieben und erlernten in diesem weiblichen Kreis das, was für ihr späteres erwachsenes Leben notwendig wurde. Die Jungen eiferten in ihrem Tun den männlichen Tätigkeiten nach. Das Spielen der Kinder untereinander war mit Freude verbunden. Dabei gab es auch immer wieder Gezänk und Raufereien, Gewinner und Verlierer in verschiedenen Spielen sowie auch oft bösartiges, hinterlistiges Tun, wobei die Stärkeren die Schwächeren gerne unterdrückten. Daraus könnten länger anhaltende oder auch lebenslange Feindschaften entstehen, die auf die großen, bisher friedlich lebenden Großfamilien übergreifen. Aus mit dem friedlichen und harmonischen Leben. Anstatt Liebe würde sich Hass und statt Freude Leid verbreiten. Kriege könnten entstehen, das unbesorgte, schöne Kind-Sein würde verloren gehen, das gemeinsame Lachen und freudige Spielen vorbei sein. Im heutigen menschlichen Leben ist das leider ein Alltagsgeschehnis. Das wollen wir nicht, wir Kinder, wir wollen zurück in die Zeit, als die Menschen nach dem Denken des lieben Gottes zusammenlebten. Das war eine paradiesische Zeit, dass sie das schöne Kind-Sein mitnehmen durften, bis hinein in ihr Alter, durch ein gottgefälliges, nicht aber ein gottesfürchtiges Leben. Allerdings, dieses friedliche, paradiesische Dasein der Menschen hatte auch seinen Preis. Der liebe Gott schenkte den Menschen dieses paradiesische Leben, aber auch mit der Pflicht, dieses Leben weiter selbst in seinem Sinne zu gestalten. Gott wusste, dass seine Forderung nicht immer leicht von den Menschen erfüllbar sein wird und gab jedem Einzelnen von ihnen ein Helferlein schon bei der Geburt, seinen Schutzengel, mit. Engel sind Kinder Gottes, sie leben mit ihrem Gottvater in einer eigenen Welt, die für den Menschen der Himmel darstellt. Eine Welt, die nicht beschrieben werden kann, da sie keine anschaulichen materiellen Inhalte, so wie der Mensch sie aus seiner sichtbaren Umgebung kennen würde, anbietet. Wenn du einen schönen Traum hast, in welchem auch menschliche Wesen sichtbar, empfindbar, aber nicht greifbar sind, in welchem Berge und Häuser kein Hindernis für dich darstellen, dann wäre das vielleicht ein kleines Erleben der göttlichen Welt. Alles schwebt in veränderlichen Formen, wolkenähnlich, ohne festen Bestand. Nicht vorstellbare Energien sorgen für ein auch nicht vorstellbares, wunderbares Sein für die göttliche Engelschar in ihrem Tun. In dieser Welt formt alles die von Gott gesteuerte Energie des Geistes. Besser kann man diesem göttlichen System einer Welt keinen Ausdruck geben. Jetzt stellst du die Frage: Warum? Weil das Denken in der göttlichen Welt anders geschieht als bei den Menschen auf Erden. Wie funktioniert dein Denken? Ich meine, worüber denkst du nach? Über deine Eltern, Geschwister, Freunde, Spielkameraden und sonstige Personen, über Berge, Seen, Autos, Flugzeuge, Mathematik, Geschichte, über Viren, Vögel, Käfer, Kühe, Pferde, über das Böse, das Gute, das Schöne, das Lachen, die Freude, das Leid. Gedanken können sehr schnell, aber auch träge, schwierig und wegschiebend sein. Alle Gedanken haben eine Gemeinsamkeit, sie betreffen etwas, was uns körperlich erscheint oder jedenfalls damit in Zusammenhang steht. Alles was Menschen je erschaffen haben ist irdisch, stofflich, materiell, körperlich oder steht damit in Zusammenhang. Zum Beispiel Liebe: Sie betrifft den Körper eines Menschen, ebenso wie Freude oder Leid. Schöne Musik, Literatur, Bilder haben körperliche Menschen geschaffen. Die Welt Gottes hat keinen Körper, deshalb können wir sie auch nicht begreifen, wir können sie nur empfinden, nicht im Denken, sondern nur in unserer Seele. Unsere Seele ist zugleich der von Gott uns mitgegebene Schutzengel, der ist auch nicht begreifbar, da dieser nicht aus Materie besteht. Die früheren Menschen konnten sich weder eine Seele noch einen Schutzengel ohne Materie vorstellen. Sie machten aus dem körperlichen Herz eines Menschen das Symbol für die Seele und dem Körper des Menschen verpassten sie Flügel und fertig war ihr Schutzengel. Den lieben Gott besetzten sie mit einer schönen strahlenden Figur. Diese früheren Menschen waren nicht dumm ob dieser Lösung, sie holten alles, was nicht für sie erkennbar, aber in ihrer Gefühlswelt vorhanden war, in ihre Welt, und machten diese damit für sie sicht- und ansprechbar. Dasselbe galt auch für Geister, Dämonen, Heilige, Verstorbene und natürlich auch für die Existenz des Teufels.

Alles wegen dieser ständigen Fragerei, warum das oder dieses so war oder so ist. Es ist die Neugierde, die alles wissen möchte darüber, wie es dazu kam, dass unsere Vergangenheit so wurde, wie sie ist, und wie unsere Zukunft werden wird. Die Neugierde des Denken-könnenden-Menschen hat eine Ursache, die nie eine befriedigende Antwort erhalten hat. Es ist viel schöner über diese Welt zu sprechen, die Gott den Menschen zum Geschenk machte, ganz am Anfang. Die Welt eines glücklichen Daseins, welches auch seinen Preis hat, da sind wir dann abgeschwenkt in die Verhaltensmöglichkeiten der Kinder bei ihren Spielen.

Es gab Meinungsverschiedenheiten bei den Kindern und den Erwachsenen. Deine berechtigte Frage: Warum? Gegensätze gehen aufeinander zu, um zu kämpfen. Die Physik sagt dazu, Gegensätze ziehen sich an. Gemeint sind die in jedem Material schlummernden plus- und minuspoligen Kräfte. Ein menschlicher Körper besteht aus vielerlei Materialien, daraus entwickelt dieser Körper auch seine eigenen, ihm eingeborenen gegensätzlichen Kräfte. Diese zeigen sich in ihrer Wirkung in den Streitigkeiten zwischen Kindern bzw. Erwachsenen als gute oder böse Kräfte. Auslöser dieser Differenzen ist das unterschiedliche Denken über eine bestimmte Sache. Für den einen ist ein halb mit Wasser angefülltes Glas halbvoll, für den anderen halbleer. Im Prinzip ist dasselbe gemeint, aber nicht empfindende Menschen können darüber, wegen gegensätzlichen Meinungen, einen Streit ausbrechen lassen. Ein Kind baut im Sandkasten eine schöne Burg, ein anderes Kind findet die Burg hässlich und zerstört diese. Jeder menschliche Körper trägt sein Gegensatzdenken in sich. Gott sprach darüber, das schöne Leben im Paradies hätte für die Menschen auch seinen Preis, das heißt, jeder, der in dieses wunderschöne Leben hineingeboren wurde, muss dafür eine Gegenleistung erbringen. Gott wusste, dass seine Menschen mit ihren Gegensätzen so umgehen werden, er wollte das auch. Die zu erbringende Gegenleistung verlangte, dass jedes Kind, jeder Erwachsene, diese ihm angeborenen Kräfte, die sich bekämpfen wollen, zähmt, damit diese keinen Schaden anrichten können. Damit ein halbvolles oder ein halbleeres Glas Wasser keinen Streit auslösen wird. Die Sandburg des Kindes nicht vom anderen Kind zerstört wird. Die Menschen erkennen, ein glückliches Leben lässt sich nur unter dem Deckmantel einer Harmonie leben. Kleine Gegensätze dürfen sich immer im Denken verlaufen, aber keine böse

Wirkung auslösen. In der paradiesischen Welt, in welcher die Menschen lebten, sollte niemand seinen Willen durchsetzen können. Sie wussten, der Wille ist Sache Gottes. In jedem Menschen wohnt seine mit Gott eng verbundene Seele; zugleich sein Schutzengel, der ihm bei seinen Zähmungsarbeiten behilflich ist und zugleich ihm etwas Wichtiges lehrt, die Selbstdisziplin, und zwar gleichermaßen für Klein und Groß.

Energie ist ein Wort, welches mit Bewegung verbunden ist. Benzin bewegt Autos, Schiffe, Flugzeuge und ist einer unserer wichtigsten Energieträger neben Elektrizität für Licht und Wärme auf Erden. Diese genannten Energien werden aus der Materie der Erde entnommen, wie Gas, Kohle, Erdöl. Die Elektroenergie benötigt für ihre Herstellung einen Sekundärträger, wie gezähmte Wasserläufe, Kohle oder Sonne, also auch Materie. Es lebt noch eine Energie, die sich aus der Reibung von Gegensatzgedanken sowie aus der Anstrengung für Disziplin im Menschen entwickelt. Die Reibung gegensätzlicher sowie disziplinierender Gedanken der Menschen erzeugt eine Energie, welche man als Zähmung bezeichnen kann. Die göttliche Seele ist die Empfängerin dieser Energie und leitet diese weiter an die Welt Gottes. Dort vereinen sich diese von Milliarden von Menschen in einem längeren Zeitraum gestalteten, fliesenden, gewaltigen Kräfteentwicklungen mit der kosmischen Energie. Diese Welt nennen wir Kosmos, und sie ist für den Menschen eine unvorstellbare Welt voller positiver Energie. Genau das ist das Problem für die kosmisch göttliche Welt. Nur Gutes, nur Positives, nur Angenehmes würde alles Tätig-Sein in Stillstand bzw. Bewegungslosigkeit verwandeln. Das Absterben des Begriffes Dynamik bedeutet also, eine tote Energie bewirken. Kann man sich eine bewegungslose, göttliche, kosmische Welt samt seinen Engeln oder ein starres System auf unserer Welt vorstellen? Undenkbar.

Der letzte dynamisierende Energie-Impuls für die kosmische Welt stammt noch aus ihrer für uns unvorstellbaren Erschaffung vor unendlichen Zeiten. Die Dynamik hat sich abgenützt und benötigt neue Bewegungsenergie, keine wilde, sondern eben eine maßvoll gezähmte Energie. Diese sollte nach dem Willen Gottes von den von ihm erschaffenen Menschen in vielen Generationen über Tausende von Jahren hinweg geliefert werden. Für das normale Denken ist das hier beschriebene sehr schwer vorstellbar. Für die Menschen, die in der für diesen Zweck von Gott gestalteten paradiesischen Welt hineingeboren wurden, war das Thema einer Hinterfragung ihres Seins nicht vorhanden. Sie erfüllten ihre Aufgabe, um Gott zu dienen, und erlebten dafür ein glückliches Leben. Das schwer Vorstellbare wurde erst ein Thema für die Menschheit, als sie nach dem Schließen der paradiesisch göttlichen Welt weiterleben mussten. Bevor das Kapitel des nachparadiesischen Lebens behandelt werden kann, ist noch ein Blick in das vorparadiesische Geschehen zu werfen.

Lange bevor Gott die Tiere, die Menschen und Pflanzen erschuf, musste doch die Lebensbasis für all diese vorhanden sein. Gott musste eine Welt, in welcher sich dieses Leben entwickeln konnte, erst aus dem Nichts erschaffen. Ein kleiner Anteil des kosmischen Seins erhielt seinen Antrieb aus seinem noch vorhandenen dynamischen Energie-Potential. Dieser Anstoß setzte immer schneller spiralartige Nebelschwaden in rasende Fahrt. Dieser gewaltige Dynamismus verfestigte seine Energie und bildete in enormen Zeiträumen eine Welt, in der sich massenhaft einzelne Körper aus Materie herausarbeiteten. Die vom substanziellen Kosmos in einen Zeitbegriff gesetzte unförmige Materie ist als Universum auf Abruf zu bezeichnen. Wir können heute weit in diese Welt, in dieses Universum mittels Okulargeräten hineinschauen. Hier kommen nicht nur die menschliche Kleinheit, sondern auch die sich ständig wiederholenden Urknalleffekte als Explosionen aus uralten Zeiträumen in Sicht. Die Energie des göttlichen Kosmos erschuf in sich selbst ein aus fünf Elementen bestehendes Materien-Gebilde. Der Planet Erde, einer von Billionen von körperhaften Gebilden in diesem Universum, wurde neben sechs anderen Planeten über lange Zeiträume hinweg geformt, in eine Sonnenumlaufbahn gebracht sowie als Träger von Leben auserwählt. In ein noch sehr ungemütliches Dasein für das werdende Leben auf Erden wurde die Wurzel des Lebens als geistige Energie von der göttlichen Allmacht in eine einzellige Materie eingewoben. Der Startschuss der Evolution für alles, was nach der Idee Gottes durch seinen Geist in das Leben auf Erden kommen sollte, ist gefallen. Das Leben aus dem Element Wasser entwickelte und verteilte sich auf Erden. Aus Affen-Populationen bildete sich in parallellaufenden tiermenschlichen Entwicklungen ein Primat heraus, der legendäre Homo Sapiens. Nur aufgrund seiner überdurchschnittlich intelligenten Gestaltung gegenüber seinen Mitbewerber wurde er in das

Land, das wir Paradies nennen, hineingeboren. Die für uns Menschen riesige, unüberschaubare, reale Materien-Welt-Universum ist lediglich ein Miniaturableger des formal nicht fassbaren Kosmos. Unsere menschliche Kleinheit ist ein Nichts gegenüber der universellen Welt. Alle haben eine Gemeinsamkeit, das Prinzip der Gegensätzlichkeit in ihrem Dasein. Der ewige Kampf einer Dualität, einer positiven gegenüber einer negativen. Einer guten gegenüber einer bösen, einer göttlichen gegenüber einer teuflischen Kraft.

Der paradiesische Mensch ist mit einem geistigen Denken durch seine Seele ausgestattet, das hilft ihm, den in seinen Körper eingeborenen, negativen Anteil zu zähmen und Energie auszuweisen. Kosmos-Urknall-Universum-Geist des Lebens-Evolution-Homo sapiens als das Maß aller Dinge auf Erden sind die zusammengefassten Begriffe für die Entstehung, für den Sinn sowie für das menschlichen Lebens nach dem Willen Gottes auf Erden.

Nochmals vereinfacht formuliert: Der hohe Wert des menschlichen Lebens ist mit einer fundamentalen Aufgabe für die göttlich kosmische Welt verbunden. Die richtige Dosierung einer Bewegungsdynamik aus dem Prinzip der gegensätzlichen Kräfte mittels menschlicher Disziplin zu entwickeln. Der Mensch Gottes wurde zum Verantwortungsträger für kosmische Erfordernisse erschaffen.

Jetzt kommt erstmals der Begriff Zeit als kleine Nebenbuhlerin der Ewigkeit ins Spiel. Die Zeit der Auftragsarbeit der paradiesischen Menschen hatte ein Ablaufdatum. Das Ende seiner Tätigkeit ist ident mit dem richtigen Sättigungsgrad für die Energie der kosmischen Bewegungsdynamik. Die Seele als Schutzengel löst sich von ihrer letzten Verkörperung und reiht sich wieder in die kosmische Energie-Dynamik ein. Die Materie des Universums löst sich als kleine Weltenepisode wieder in das Nichts auf. Große Zufriedenheit im göttlichen Kosmos, wenn das so geschehen wäre.

Die durch die Evolution zur Auswahl entstandenen Nebenproduktionen von Menschenarten erlebten sich diese im Gleichmaß mit der Tierwelt, lediglich durch ihre körperhaltende Energie, sowie einer gewissen vorspürbarer Intuition. Der menschlichen Variante wurde zusätzlich ein geistig kosmisches Produkt, die Energie des Denkens, und das damit verbunden Lebens-Bewusstsein vermittelt. Es stellt sich die Frage, weshalb ein so enormer Aufwand bei der Erschaffung des Daseins mit solch einer üppigen Flora und Fauna auf Erden notwendig war. Zur Zeit der paradiesischen Ära hielt sich das Tierreich als Pflanzenfresser in Grenzen. Die Nahrung des Menschen bestand aus pflanzlichen und tierischen Produkten. Die erste weltweite Begegnung des Typus Homo sapiens mit Tiermenschen erfolgte im heutigen Europa. Die Verschmelzung nahm ihren Anfang: Der männliche Homo sapiens verliebte sich in eine tiermenschliche Schönheit und zeugte das erste in sich gespaltene, menschliche Wesen und schaffte sich seinen Gegensatz zur Seite. Der Homo sapiens stellte seinen Körper in den Dienst der Dualität mit dem negativpoligen Gegensatz zu seiner Positivität. Der Mensch hat einen Sinn, mit welchem er in die Welt hinausschauen kann, aber keinen Sinn, um in sich hineinzusehen. In der vormenschheitsgeschichtlichen Ära erlebte sich die Seele als innere Strahlung parallel zur äußeren Gottes. Heute ist bei den Seelenlosen, wie schon immer, eine Nullstrahlung und bei den Beseelten nur mehr eine sehr gemäßigte, soweit das Karma diese freigibt, vorhanden.

DANKSAGUNG

An den Menschen, welcher mit mir den schweren Weg von Anfang an gegangen ist und ihn bis zum Ende gehen wird. Ein einziger Mensch begleitete mich mit Kraft, Verzweiflung, Glaube, Leid und manchmal auch mit Freude. Im Alleingang wäre dieses abstrakte Projekt längst verstorben. Vor über vierzig Jahren hat sich die Bestimmung einer Gemeinsamkeit für das, was hier geschehen ist, und noch geschehen wird, vorgeprägt.

Der Begriff Gott in unserer naiven einfachen Glaubensart, erlebte einen hohen Stellenwert. Gott schaffte ein abstraktes Verhältnis zu uns, in einer Zeit, als dieser Begriff noch gar nicht im Bewusstsein gegenwärtig war. „Er" hat sich einfach einer sagenhaften Empfindung von uns ihm gegenüber bedient. Er führte uns auf Wege und Straßen, durch Wälder und Auen, durch kleine Dörfer, vorbei an geheimnisvollen Mooren, einsamen Teichen, an gemähten, nach Heu duftenden Wiesen, durch Gewitterzonen, hin zu uralten Kraftplätzen, zu kleinen alten verwunschenen Kapellen, zu Stein, Holz, oder Eisenkreuzen, bereits vergessen, von Gewächsen umschlungen, an aufgelassenen Wegen, von der Vergangenheit träumend, als sie bei den Menschen noch Geltung für ein Gebet hatten.

Heute, nach vielen Jahren noch immer im feinen Gedenken an dieses fast unwirklich erscheinende Mystikum, müht sich ein realer Gedanke in dieses Erleben.

Gott hat uns damals für eine abstrakte Aufgabe schlicht und einfach geködert.

Das Schlimmste während dieser vergangenen Jahre war die schleichende Erkenntnis: Gott wollte oder konnte in furchterregenden, das Leben zerstören wollenden, real nicht mehr begreiflichen Erlebnissen, gar keine Hilfestellung geben. Bis Letzteres durchsickerte, dass die immer größer werdende, satanische Organisation ihre Hände gegen den Herrn im Spiel hatte, und wir zwischen dieses Konflikt-Potenzial geraten waren. Der Herr konnte immer nur einen Bruchteil, nämlich den noch lebenserhaltenden Part gegen die Dämonenangriffe abwehren. An der Allmacht Gottes zweifeln zu müssen, lähmte zeitweise den Willen, weiter dagegen anzukämpfen.

Meine Danksagung ergeht an meine großartige Frau und wahre Lebenspartnerin, von Leid und freudiger Hoffnung geprägt, auserwählt, uns zu zeigen, dass der „Köder" den wahren Wert des Lebens mit Gott im Strahlenkranz der Auferstehung von Golgota Wahrheit war und ist.

Einen Teil meiner familiären Umgebung beziehe ich in diese Danksagung ein. Jene, welche durch anfänglich starkes Leid aus der Tragik von Geschehnissen im Team mitgewachsen sind, als starke Kraft für die Mystik ihrer Zukunft. Der anderen Linie ist dasselbe Ziel gegeben.

Meine Danksagung an den Herrn kann nur dann erfolgen, wenn meine geistige Organisation, meine Seele, vor der Himmelstür steht, diese sich öffnet, eines Tages.

SCHLUSSWORTE

Es entwickelt sich in mir ein Nicht-, aber auch ein Doch-Geschehen, das im „abstrakt Empfindenden" beheimatet scheint. Ein geistiges System, infiltriert zwei besondere Bereiche in meiner Körperlichkeit.

Die der Denkorganisation und die der zentralen Energieaufbereitung.

Die bisher in ihrer Wirkungsweise gespaltenen Anteile, der Körper vom Geist im menschlich stofflichen Dasein, führen sich in einem in der Menschheitsgeschichte noch nie dagewesenen Prozess wieder zusammen und zeigen damit das Menschheitsbild vor Adam und Eva in einer Art erneuten Entstehung als den Begriff des Paradieses.

Was das größte Ausleseverfahren in der Geschichte an menschlicher Materie am Leben lässt, wird sich in diesem aufgezeigten Prozess wiederfinden.

Der Urknall gebärdet sich ebenfalls rückwärts, seine Kehrseite, die schwarzen Löcher, saugt die Materie wieder in ihren Urzustand, in das Nichts. Die kosmische Welt triumphiert über das durch den Zähmungsprozess wieder gewonnene, dynamische Perpetuum Mobile.

Das „Werk" ist der Triumph der Anthroposophie und stammt aus der geistigen Welt. Der Kreislauf der Menschheitsgeschichte wird durch dieses unterbrochen. Das Werk ist würdig, Lebensvorgänge beseelter Menschen zu verändern. Die Zukunft wird die realen

Gegenwartsprobleme durch das Erkennen der Wahrheit bewältigen.

Diese Schrift befasste sich mit dem geistigen Aufbau der abstrakten Wahrheit im Kontext des menschlichen Dasein und dokumentiert Gott als Beweis. Es erlebte sich parallel zum geistigen Wachstum, das Wissen erweiterte sich periodisch. Das ist auch der Grund, weshalb dieser Schrift keine Korrektur mehr zuteilwurde, dies hätte den Weg der jeweiligen Erkenntnisse verzerrt transportiert. Das Werk ist die Erkenntnis eines Menschen auf dem Gebiet der Schuld gegenüber Gott. Diese Schrift wurde als Manuskript nach sechsjähriger Arbeit im Kontext einer göttlichen Eingabe fertiggestellt.

Eine Krise entsteht im Körper durch die Empfindung, die geistige Organisation will ihre Materie verlassen, um in ihre Heimat zu Gott zu ziehen. Das wäre ident mit dem Tod des Körpers. Gott beendet aber die Forderung der Seele. Nicht die Seele, sondern Gott allein bestimmt den Abgang eines Körpers.

Der Verfasser
6.1.2022

*Die Mission ist als die Fiktion einer Vision
der Menschheitsgeschichte beendet*

Der Autor

Andrä Christ (Pseudonym), geboren 1929 in Salzburg, heute wohnhaft in Wien, absolvierte alle nötigen Voraussetzungen für seinen langjährigen Arbeitsbereich, vorwiegend als tätiger Baumeister. Er ist verheiratet und Vater eines Sohnes. Mit „Ein Umkehrschluss der Menschheitsgeschichte" (2022) legt der Autor nach „Gott-Engel-Mensch-Teufel-Wahrheit" (2013), „Gott-Mensch-Wahrheit" (2015) und „Wahrheiten für Nachdenker" (2016) seinen Lesern nun sein viertes Werk vor.

Andrä Christ

Gott-Mensch-Wahrheit

ISBN 978-3-99038-806-8
250 Seiten

Ein tiefer Blick auf die Beziehung zwischen Gott und Mensch. Der heutige Mensch ist nur noch eine mit Begierden behaftete Spezies der ursprünglichen, göttlichen Idee des Menschen. Daher muss der abtrünnig gewordene Mensch umkehren und seine wahre Aufgabe für das Geistige im kosmischen Weltengeschehen erfüllen.